Certa vez, um amigo sábio me d[...] um livro sobre casamento antes de estar casado há vinte anos". Então, ele completou vinte anos de casamento e alterou sua regra: "Ninguém deve escrever um livro sobre casamento antes de estar casado há *trinta* anos". A questão é que nenhum de nós jamais domina o assunto casamento, porque o casamento, assim como as pessoas envolvidas nele, muda constantemente. Porém, mesmo que nunca o dominemos, há muito que podemos aprender com aqueles que têm a sabedoria e a experiência que nós não temos. Em *Eu ainda digo "sim"*, Dave Harvey oferece um guia brilhante para a segunda metade do casamento, para os anos que seguem muito depois do "sim" inicial. E como alguém que está se aproximando de um quarto de século de casamento, posso dizer que é exatamente o livro que eu queria ler, e talvez até mesmo o livro que eu precisava ler.

Tim Challies, autor de *Faça mais e melhor*, criador do blog Challies.com

Pessoalmente, sou muito grata pela sabedoria que o Senhor deu ao meu amigo Dave Harvey e por sua disposição em ser transparente sobre as realidades do casamento para além daqueles primeiros anos de prazerosos ajustes. Seguir a longa jornada juntos exige enfrentar alguns grandes momentos — momentos decisivos — para podermos aprender a amar com quebrantamento e humildade. *Eu ainda digo "sim"* é um ótimo guia para casais que descobriram que o casamento traz complexidade, mas que o amor e a sabedoria ajudam a fazê-lo perdurar. Este livro é um testemunho de três décadas de convivência diante de um Deus amoroso que luta pelo casamento. Recomendo calorosamente!

Elyse Fitzpatrick, autora de *Um coração inabalável*, *Vencendo medos e ansiedades*, e coautora de *Pais fracos Deus forte*.

Eu já escrevi muitos endossos, mas, depois de ler *Eu ainda digo "sim"*, me faltam palavras. Este livro é tão sábio, tão rico na prática, tão profundo no evangelho que é difícil fazer justiça a ele com algumas frases. Mas aqui está o que considero mais poderoso sobre o que Harvey escreveu: cada página é um espelho. Ao examinar as páginas deste livro, você verá a si mesmo, a seu cônjuge, as marcas e feridas de sua jornada e as tendências inevitáveis de seu coração. Mas continue procurando e você verá Jesus — terno, gentil, cheio de poderosa graça salvadora — e se lembrará de que ele está com você e também esteve em todos os momentos de sua jornada. Leia este livro, conheça a si mesmo, conheça seu cônjuge, conheça Jesus e sigam juntos com esperança renovada.

Paul Tripp, pastor, autor de *Perdido no meio*,
presidente do *Paul Tripp Ministries*

Há muito tempo me beneficio da sabedoria piedosa de Dave Harvey sobre casamento. E este livro veio em boa hora, quando precisei que ele novamente me apontasse à esperança em Cristo. Agora eu sei que livro compartilhar com casais entre cinco e cinquenta anos de casamento que enfrentam novos desafios com fé renovada no Deus da graça.

Collin Hansen, diretor editorial do ministério
The Gospel Coalition

Este livro foi muito revigorante para minha alma. Ele flui de acordo com o verdadeiro evangelho e possui o realismo bíblico muito saudável de que nem todos os nossos dolorosos problemas se devem ao nosso pecado pessoal, mas também advêm de vivermos em corpos caídos, em sociedades caídas (como nossas famílias) e em uma feroz zona de guerra espiritual. Dave Harvey nos deu um grande presente. Os recém-casados se beneficiarão aprendendo a antecipar momentos decisivos que são capazes de construir um casamento duradouro. Mas para aqueles que estão casados há algum tempo (talvez há muito tempo) e se perguntam por que é tão difícil, por que as coisas simplesmente não funcionam direito, e podem estar perdendo a esperança, este livro é inestimável.

Jon Bloom, cofundador e professor sênior do ministério *Desiring God*

Este é um livro com percepções renovadas, cheio de grandes momentos de surpresa e que realmente explora novos campos na complexidade do relacionamento conjugal. Dave Harvey traz o coração de um pastor e a mente de um teólogo ao tema para nos ajudar a aprender como podemos ser melhores em amar uns aos outros.

Bob Lepine, coanfitrião do *FamilyLife Today*

Honesto, perspicaz, realista, sábio, esperançoso. Dave Harvey escreve sobre casamento de uma forma que é teologicamente rica sem ser meramente teórica, transparente sem ser focada em si mesmo, realista sem ser desencorajadora e cheia do evangelho sem ser banal. Este livro tornou meu próprio casamento mais duradouro. Deixe-o fazer o mesmo por você.

Dane Ortlund, vice-presidente executivo e editor da *Crossway*

Existem poucas pessoas que entendem a dinâmica do casamento como Dave Harvey. Depois de quarenta e sete anos de casamento, ainda estou aprendendo as lições que Dave desenvolve neste livro. Caso você se pergunte se a leitura é fácil, a resposta é não, mas não porque não esteja bem escrito. Não é fácil porque nos desafia de maneiras que geralmente preferimos ignorar ou negar. As percepções de Dave são bíblicas, práticas e bastante profundas. Exorto todos os que se importam com a saúde de seu casamento (e quem não?) a se aprofundarem neste excelente livro.

Sam Storms, pastor da igreja Bridgeway Church,
Oklahoma City, OK, EUA

Se você quer uma imagem de um casamento, não vá a um parque aquático. Você pode ver boias flutuando em um rio e se enganar bastante. O casamento é mais como uma maratona: o percurso é longo, o trabalho é extenuante e o casal parece um pouco fora de forma. Claro, muitos desistem. Mas Dave Harvey quer que seu casamento perdure e prospere. *Eu ainda digo "sim"* é mais do que apenas um manual de treinamento; é um remédio para a jornada. O que quer que você e seu cônjuge estejam encarando — planos emocionantes ou sonhos frustrados, um prato cheio ou um ninho vazio, comunicação fácil ou conflito sem fim —, esses momentos irão desviar ou definir seu percurso. Deus deseja ajudá-lo a correr mais rápido e mais longe do que você jamais conseguiria sozinho. Abra este livro e observe-o em ação.

Matt Smethurst, editor-administrativo do
The Gospel Coalition

Quero um casamento duradouro e satisfatório que seja robusto e durável. O sofrimento virá. O pecado vai bagunçar as coisas. Satanás nos assediará. Os filhos irão embora. O sexo mudará. A amizade murchará. Acusações e brigas surgirão. Eu quero que meu casamento não apenas sobreviva, mas prospere em um mundo caído. Dave Harvey nos serve mais uma vez ao escrever outro sólido livro sobre casamento e que honra a Cristo. Adquira uma cópia e leia com seu cônjuge!

Deepak Reju, pastor de aconselhamento bíblico e ministério da família da igreja Capitol Hill Baptist Church, Washington, DC; coautor de O *pastor e o aconselhamento*

As oportunidades da graça se acumulam ao longo dos anos de um casamento experiente, à medida que descobrimos que, quando pecadores dizerem "sim", isso é um compromisso contínuo de viver a experiência de uma só carne. Por esse motivo, sou extremamente grato por *Eu ainda digo "sim"*. A cada página, Dave Harvey oferece verdade bíblica e sabedoria pastoral para complexidades crescentes e territórios desconhecidos de casais que envelhecem juntos.

Jared C. Wilson, professor assistente de ministério pastoral no *Spurgeon College* e coautor de *Evangelho explícito*

Fiquei surpreso e encantado com o humor, a honestidade e a sabedoria profunda que Dave Harvey traz para a questão do que significa prosperar e florescer em um casamento que superou os primeiros dias de entusiasmo inebriante. Este livro está repleto de verdades perspicazes cheias do evangelho que chegam ao âmago de nossos desafios, oferecendo esperança e estratégias práticas e realistas para tornar seu casamento tudo o que Deus deseja. E porque é de natureza fundamentalmente bíblica, ele é necessário para nós no Reino Unido e para outras partes do mundo, tanto quanto o é para a América. Mal posso esperar para colocá-lo nas mãos daqueles a quem sirvo e amo. Resumidamente, este é o melhor livro sobre casamento cristão que já li.

Pete Greasley, pastor sênior da igreja Christchurch, Newport, Reino Unido

Eu louvo a Deus por este livro incrivelmente útil em que Dave Harvey fala ao âmago dos casamentos moldados por anos de momentos decisivos. Ao lê-lo, fui encorajado e desafiado a ver minha alma, meu casamento, minha esposa e nossas experiências coletivas da maneira que Deus os vê, e a celebrar a diferença que Jesus faz em tudo isso. Independentemente de onde você esteja em sua jornada e do que você experimentou ou não, *Eu ainda digo "sim"* será de grande benefício para você e seu casamento.

Jamin Stinziano, pastor líder da igreja Summit Church

De pé no altar com meu marido quase duas décadas atrás, eu não tinha ideia do que o futuro traria. E embora ainda me imagine essa jovem noiva, a verdade é que os anos nos mudaram. Somos pessoas diferentes que enfrentam desafios únicos a cada nova época da vida. É por isso que sou grata por um livro como *Eu ainda digo "sim"*. Em suas páginas, Dave Harvey oferece conselhos e perspectivas arduamente conquistadas para casamentos como o meu, que estão começando uma segunda volta na pista. Mas, acima de tudo, Harvey nos chama a correr nossa corrida confiando exatamente no que nos uniu em primeiro lugar: a graça e a bondade de Deus.

Hannah Anderson, autora de *Humble roots* e *All that good*

EU AINDA DIGO "Sim"

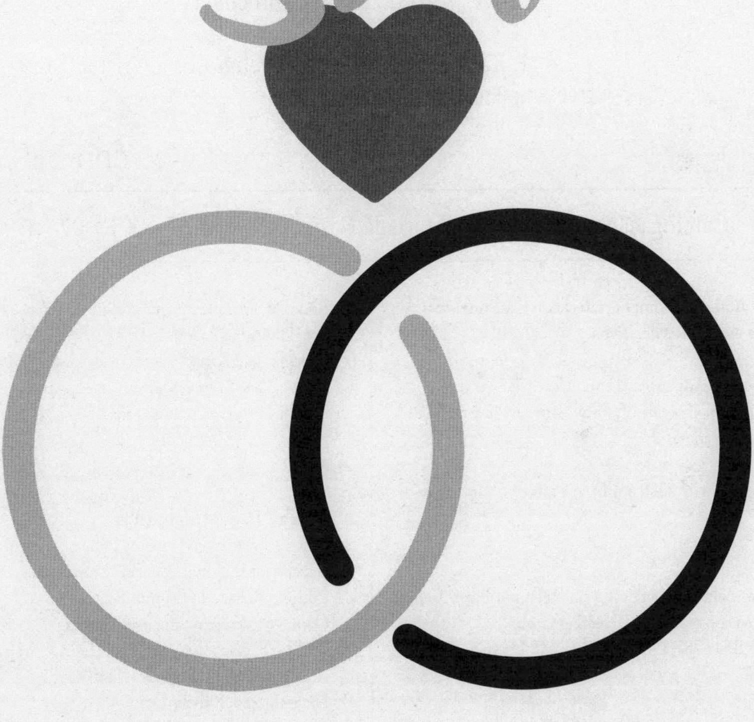

Fortalecendo o casamento nos momentos decisivos

DAVE HARVEY

H341e Harvey, David T. (David Thomas), 1960-
Eu ainda digo "sim" : fortalecendo o casamento nos momentos decisivos / Dave Harvey ; [tradução: João Paulo Aragão da Guia Oliveira]. – São Paulo, SP: Fiel, 2022.

264 p.
Tradução de: I still do : growing closer and stronger through life's defining moments.
ISBN 9786557231531 (brochura)

1. Casamento – Aspectos religiosos – Cristianismo – Compêndios. I. Título.

CDD: 248.844

Catalogação na publicação: Mariana C. de Melo Pedrosa – CRB07/6477

Eu ainda digo sim: Fortalecendo o casamento nos momentos decisivos

Traduzido do original em inglês:
I Still Do: Growing Closer and Stronger through Life's Defining Moments

Copyright © 2020 por Dave Harvey

∎

Originalmente publicado em inglês por Baker Books a division of Baker Publishing Group
PO Box 6287, Grand Rapids, MI 49516-6287

∎

Copyright © 2020 Editora Fiel
Primeira edição em português: 2021

Todos os direitos em língua portuguesa reservados por Editora Fiel da Missão Evangélica Literária
PROIBIDA A REPRODUÇÃO DESTE LIVRO POR QUAISQUER MEIOS SEM A PERMISSÃO ESCRITA DOS EDITORES, SALVO EM BREVES CITAÇÕES, COM INDICAÇÃO DA FONTE.

∎

Diretor: Tiago J. Santos Filho
Editor-chefe: Tiago J. Santos Filho
Supervisor Editorial: Vinicius Musselman
Editora: Renata do Espírito Santo
Coordenação editorial: Gisele Lemes
Tradução: João Paulo Aragão da Guia Oliveira
Revisão: Gustavo Nogueira Bonifácio
Diagramação: Rubner Durais
Capa: Rubner Durais

ISBN brochura: 978-65-5723-153-1

Caixa Postal 1601
CEP: 12230-971
São José dos Campos, SP
PABX: (12) 3919-9999
www.editorafiel.com.br

Sumário

PARTE 1: COMEÇANDO JUNTOS

1. Sua jornada por momentos decisivos 15
2. **Momento decisivo 1:** Quando você descobre que a imperfeição vai além do pecado 27
3. **Momento decisivo 2:** O momento da culpa 52
4. **Momento decisivo 3:** O momento da fraqueza 69

PARTE 2: PERMANECENDO JUNTOS

5. **Momento decisivo 4:** Quando você percebe que a família não substitui a igreja 95
6. **Momento decisivo 5:** Quando seu cônjuge sofre 115
7. **Momento decisivo 6:** Quando você entende a misericórdia 139
8. **Momento decisivo 7:** Quando você descobre que o sexo muda com a idade 161

PARTE 3: TERMINANDO JUNTOS

9. **Momento decisivo 8:** Quando os sonhos são frustrados 185
10. **Momento decisivo 9:** Quando os filhos vão embora 205
11. **Momento decisivo 10:** Quando você aprende que desfechos são superestimados 223
12. Quando a graça vence seus momentos perdidos: A morte de Ivan Ilitch 243

Agradecimentos 263

Para meus netos,
Ava, Juliette, Weston, Giovanni
e, eventualmente, pela graça de Deus, aos outros
ainda não nascidos e conhecidos apenas por Deus.

Este livro foi escrito em oração: que cada um de vocês seja cativado por Jesus e experimente a alegria, a chama e a graça corajosa de um casamento que dura a vida toda.

Parte 1
COMEÇANDO JUNTOS

CAPÍTULO 1

SUA JORNADA POR MOMENTOS DECISIVOS

O casamento não é uma coisa ordenada pelos homens. Sabemos que Deus é o seu autor e que esse é solenizado em seu nome. A Escritura diz que é um pacto sagrado e, portanto, o chama de divino.

João Calvino[1]

Livros são ótimos. Como pastor, tenho um escritório repleto deles. Já li alguns deles. De fato, li o suficiente para saber que há mais livros bons do que tempo livre para ler. Isso pode ser enlouquecedor.

Já que este livro explora o tema incomum de "momentos decisivos" no casamento, você precisa saber se essas páginas se conectam à sua realidade aqui e agora.

Um bom livro na hora certa é um companheiro sábio. É como um guia para a mente, conduzindo você montanha acima em direção à maturidade — bem ao lugar onde Deus o está chamando para ir. Bons livros geralmente contêm ferramentas que nem sabemos que precisamos. Mas elas estão

---

[1] Citado em John Witte Jr.; Robert M. Kingdon, *Courtship, engagement, and marriage* (Grand Rapids: Eerdmans, 2005), p. 484.

inseridas no texto, prontas para o nosso uso quando chegar o momento certo.

Um livro ruim — ou lido no momento errado — pode ser uma perda de tempo. Seu impacto nunca cruza a distância entre as palavras do autor e o seu coração.

Com isso em mente, deixe-me ajudá-lo a decidir se este livro merece seu investimento agora.

Para fazer isso, preciso contar-lhe uma história.

Há mais de dez anos, publiquei um livro intitulado *Quando pecadores dizem "sim"*. Naquela obra, examinei o casamento como a união de duas pessoas que sobem ao altar carregando malas atrás de si. Novos maridos e esposas carregam a bagagem de suas vidas até aquele momento. Eles carregam todas as coisas que os tornaram quem são e todas as coisas que impactam o que querem do casamento. Mas isso não é tudo. Bem guardado entre suas esperanças, seus sonhos e sua história familiar, está o seu pecado.

Imagine passar pela segurança do aeroporto com armas escondidas suficientes para iniciar uma pequena revolução. Imagine, então, os seguranças deixando você passar, permitindo que você escape completamente da inspeção. Bem inimaginável, não? Não obstante, nossa bagagem de pecado raramente é aberta e inspecionada antes do nosso casamento. Como resultado, a lua de mel e os primeiros anos podem aumentar o peso que carregamos. Um belo dia, o fecho da mala se rompe e nossa bagagem se espalha sobre o outro.

Quando Kimm e eu nos casamos, lembro-me de ter ficado perplexo pela maneira como me comportava e os conflitos que vivíamos. Lembro-me de pensar: "O que está acontecendo aqui? Eu estou possuído? Ou espere... *ela* está possuída? Oh

Senhor, nosso casamento está amaldiçoado? Quero dizer, se o casamento é tão bom, por que parece que cada um de nós faz com que o outro se sinta tão mal?".

Com o tempo, descobrimos que dizer "sim" é uma experiência decisiva. O casamento abre sua bagagem. E, quando isso acontece, o pecado que há ali dentro pode poluir o ar e manchar o relacionamento. Ignorar a realidade e a potência do pecado é negar a própria razão pela qual Jesus viveu, morreu e ressuscitou ao terceiro dia. Então, escrevi *Quando pecadores dizem "sim"* (QPDS) para ajudar os casais — noivos, recém-casados ou em crise — a compreender que, quando o pecado se torna amargo, Cristo se torna doce.[2] E o casamento fica mais doce também.

DEPOIS DE *QUANDO PECADORES DIZEM "SIM"*

Dez anos após a publicação de *QPDS*, Kimm e eu celebramos nosso trigésimo quinto aniversário de casamento. Esse marco me levou a refletir sobre o retorno que recebi daquele primeiro livro. Alguns leitores falaram sobre capítulos específicos como momentos importantes em sua compreensão do casamento. Mas, geralmente, o público era um grupo de noivos, ou recém-casados, ou pessoas passando por alguma crise no casamento porque nunca estabeleceram os alicerces adequados.

Então, comecei a pensar: À medida que o casamento cresce e amadurece, que momentos decisivos eles experimentam? Quais são os pontos particulares de dificuldade e transformação que nos visitam conforme nosso casamento

---

2 Cf. Thomas Watson, *The doctrine of repentance, useful for these times*, Vintage Puritan Series (Louisville: GLH Publishing, 2016 [1668]), eBook, loc. 466 de 1421 [edição em português: *A doutrina do arrependimento* (São Paulo: PES, 2015)].

amadurece — à medida que navegamos pelas realidades do trabalho e dos desafios financeiros, ao mantermos nossa cabeça para fora d'água nos primeiros anos de idade dos nossos filhos, ao criarmos filhos adolescentes ou adultos, ao esvaziarmos o ninho, sofrermos, envelhecermos ou ao nos prepararmos para as despedidas finais?

Que momentos definem um casamento duradouro?

Quanto mais eu refletia sobre isso, mais sentia um dever profundo de caminhar novamente com você em *Eu ainda digo "sim"*, uma perspectiva renovada e testada pelo tempo sobre como as necessidades, os desejos, o pecado e as aplicações do evangelho mudam conforme os casais avançam para além dos anos de recém-casados.

Para começar, aprendi que algo mais do que o nosso pecado é exposto quando dizemos "sim". É verdade, a bagagem do nosso pecado exigiu que Deus se tornasse um homem e derramasse seu sangue precioso como único remédio. Mas a bagagem que trazemos para o nosso casamento representa mais do que o nosso pecado.

Veja, a força do meu primeiro livro também foi sua fraqueza. Fiz bem em ajudar jovens casais a desvendar a bagagem oculta de seus pecados. Mas a pecaminosidade, embora central, não é a única coisa que afeta a união conjugal de um casal. Conforme Kimm e eu somamos mais e mais bodas, começamos a ver essas outras influências — fatores que não podiam ser prontamente atribuídos ao nosso coração pecaminoso.

Aqui está um exemplo.

Expressar emoções nunca foi fácil para mim. Não estou falando aqui da típica "coisa de homem", embora seja verdade que alguns homens preferem ser arrastados nus por cacos de vidro a parecerem fracos ou sensíveis. Não, minha falta de emoção é muito pior. É algo mais primitivo, mais visceral. Por alguma razão, tenho dificuldades para acessar e definir meus sentimentos enquanto instintivamente suprimo manifestações emocionais. Quando me casei, pensava que negar minhas emoções era uma coisa boa e manifestá-las era ruim.

Senhoras, gostariam de se casar com uma peça dessas?

De onde vinha essa fuga de emoções? Era uma manobra do meu coração ativamente pecaminoso, que eu desenvolvi para evitar o arrependimento do egoísmo? Talvez. Mas assumir que minha fuga das emoções era o resultado do pecado não foi o fundo do poço para mim. Eu precisava entrar em contato com uma parte de mim que parecia geneticamente codificada em minha constituição. Eu investiguei e confessei meus problemas de controle, mas meus sentimentos permaneciam ocultos, flutuando fora de alcance por trás de uma névoa impenetrável.

Como Kimm poderia se sentir valorizada sem que a luz penetrasse minha escuridão emocional? E, se minha reação visceral às demonstrações emocionais não fosse apenas resultado de um pecado intencional, o que poderia ser? Meus pensamentos viajaram do meu coração até o meu lar na infância.

ELA SE CASOU COM UM HARVEY

Meu pai era metalúrgico, assim como seu pai antes dele. Ele também era um veterano da Guerra da Coreia e cresceu em um lar onde nunca conheceu seu pai biológico. Se houvesse uma escala de um a dez para medir a capacidade de resposta emocional, meu pai teria pontuado algo em torno de "nenhum sinal vital". Acho que o vi chorar uma vez, naquele dia em que Franco Harris agarrou uma bola de futebol americano, desviada para conduzir os Steelers à vitória sobre os Raiders e garantir uma vaga na final do campeonato da American Football Conference (AFC) de 1972. Ainda acho que o verdadeiro milagre da "recepção imaculada" [como a jogada ficou conhecida] foi a maneira pela qual ela quebrou a represa de emoções reprimidas nos metalúrgicos de toda a cidade de Pittsburgh.

A família de minha mãe veio da Escócia, e acho que seu clã tinha genes de trabalhadores disciplinados, em vez de genes joviais de bebedores de cerveja. Algumas das minhas primeiras lembranças de mamãe incluem suas coleções de fichas de papel 7x12 cm, cheias de listas de tarefas para as crianças. Aprendi a ler naqueles cartões. Aos oito anos de idade, eu sabia como arrumar uma mesa, tirar o pó com produtos de limpeza e aplicá-los nos rodapés de forma a não manchar o carpete.

Nós não éramos de sentir; éramos de fazer. Estava programado em nosso DNA Harvey.

Meus pais certamente me amavam à sua maneira, mas o amor não era expresso por meio de um vocabulário emocional. Não consigo descrever minha gratidão por ter crescido em uma família estável com pai e mãe, em que ambos davam exemplo de trabalho árduo, parcimônia, determinação e compromisso conjugal. Como todas as famílias, porém, tínhamos nossas disfunções.

As nossas giravam em torno desse reino das emoções. Vivíamos relativamente inconscientes de nosso mundo interior, de como o passado afetava nosso presente ou de como nossas circunstâncias presentes nos afetavam. Não havia nenhuma busca profunda pelos sentimentos do outro. Afinal, não víamos necessidade disso! O amor em nossa casa era expresso por afazeres, não por algum conceito florido como "ser". E isso moldou minha compreensão de personalidade saudável quando jovem. Minha definição de saúde não inclui identificar ou discutir emoções.

Ainda me lembro do dia do meu casamento, quando meu irmão Wayne e eu esperávamos no porão da igreja pelo início da cerimônia. Enquanto estávamos sentados em silêncio, apenas olhando um para o outro, um estouro de emoções de repente invadiu meu cérebro como uma manada enlouquecida. Isso pode chocar você, mas eu espontaneamente desmoronei e chorei incontrolavelmente... por cerca de quinze segundos. Foi uma das experiências mais surpreendentes da minha vida, tão fora de mim mesmo que foi assustador.

Quando terminei, Wayne olhou para mim e disse:

– Que raio foi isso?

Eu olhei de volta, totalmente perplexo.

– Honestamente – gaguejei, me recompondo – não faço ideia.

Mas não fui totalmente honesto. Em algum lugar da minha mente, suspeitava que a explosão tinha algo a ver com o meu casamento naquele dia. (*Sério, Dave, você acha?*)

Até hoje sou incrivelmente grato pelas vantagens que meus pais e minha criação e educação me concederam. Mas agora sei que minha desconexão emocional é uma fraqueza em minha vida e um déficit em meu casamento. E, quando olho para o meu passado, tenho que reconhecer honestamente que minha casa foi uma influência poderosa na forma como processo as emoções. Não culpo meus pais nem sinto que fui roubado. Tenho certeza de que eles foram criados em ambientes ainda mais emocionalmente retraídos. Na verdade, tenho quase certeza de que nossa casa era um "festival de expressões criativas" em comparação à maneira como eles foram criados.

Meu objetivo, então, não é atribuir culpabilidade por nossa falta de emoção. Em vez disso, quero ajudá-lo a identificar fatores profundos que moldam o *seu* casamento — influências que não podem ser tão facilmente atribuídas a desejos pecaminosos. Muitas vezes encontramos fraquezas ou diferenças de personalidade no casamento e instantaneamente tentamos moralizá-las. Presumimos motivos e atribuímos pecados às ações e omissões de nosso cônjuge. Mas cultivar um casamento duradouro envolve reconhecer que a nossa imperfeição é mais ampla do que o pecado. No meu caso, a imperfeição inclui um lar emocionalmente atrofiado que deixou uma grande marca na maneira como eu experimentava e expressava meus sentimentos.

ATRAVÉS DOS MOMENTOS DECISIVOS DA VIDA

Para prosperar no casamento a longo prazo, precisamos cuidar de nosso cônjuge como uma pessoa integral. Isso significa ver como as boas-novas de Deus falam não apenas aos seus pecados, mas também ao seu sofrimento, sua fraqueza, sua história familiar, seus sonhos frustrados, suas limitações físicas e suas mudanças no apetite sexual. Os casamentos duradouros precisam de mais do que apenas arrumar a bagagem. É preciso saber como Jesus pode ajudá-los a navegar nas complexidades de envelhecerem juntos.

Ao longo dos anos, Kimm e eu passamos por alguns momentos decisivos no casamento, em que simplesmente não sabíamos o que fazer. Essas experiências, muitas vezes, determinaram nosso progresso e, às vezes, muito honestamente, marcaram pontos em que estabilizamos. Aprendemos que apaixonar-se é fácil; permanecer apaixonado é algo totalmente diferente. Kimm e eu muitas vezes olhamos para trás e pensamos: *Nossa, teria sido muito bom saber disso antes!*

Estou escrevendo este livro para falar sobre alguns desses momentos decisivos — as experiências, os eventos e as decisões transformadoras de vida que determinam (e às vezes alteram) toda a sua direção. A citação no início deste primeiro capítulo nos lembra de que o casamento é ordenado por Deus. No entanto, todos os momentos decisivos *durante* o casamento também são coisas de Deus; uma experiência ou fase na vida em que Deus:

- apresenta uma decisão pela verdade;
- exige um custo;
- oferece uma oportunidade de exaltação de Cristo;
- edifica a alma;
- determina nosso destino.

Coloquei uma afirmação de momento decisivo no início de cada um dos capítulos restantes deste livro. Algumas dessas declarações — como "A imperfeição vai além do pecado", "O sexo muda com a idade" ou "Quando a graça vence seus momentos perdidos" — podem pegá-lo de surpresa. Mas cada um marca um momento que é decisivo e crucial; momentos que, em última análise, dão voz ao medo, à frustração e ao desespero que sentimos. Cada um desses momentos se torna um convite de Deus para transformar o âmago de nosso ser e aprofundar nossa intimidade com o nosso cônjuge.

É fato que a maior parte da vida é feita de dias bastante comuns, em que grandes momentos não chegam invadindo a nossa monotonia. Não somos super-heróis, espiões ou estrelas do esporte que têm um momento brilhante para superar as rotinas da vida. Não há medalhas de ouro pelo que fazemos. Nossos dias são ocupados com caronas, carreiras e exames de cólon. Os momentos em nosso mundo parecem bastante ordinários. Crescer é aplicar a verdade ao longo do tempo; é uma obediência longa e lenta.

Mas a necessidade de persistência ordinária não elimina a realidade dos momentos decisivos.

Deus apresenta esses momentos na vida de todo casal. Eles se tornam portas de entrada para novas percepções ou trilhas que redirecionam os nossos caminhos. Alguns desses convites serão autoevidentes; outros serão absolutamente surpreendentes. Mas uma coisa permanece certa. A maneira pela qual reagimos a esses momentos no casamento determina se seguimos aos tropeços separadamente ou se avançamos juntos em direção à maturidade. Como Charles Spurgeon observou sensatamente: "O fracasso em um momento crucial pode arruinar o resultado de uma vida inteira".[3]

Talvez agora você esteja começando a achar que este livro pode ser importante ou mesmo essencial para você.

Eu o escrevi porque não quero que você perca esses momentos cruciais.

---

3 Iain H. Murray, *The forgotten Spurgeon* (Carlisle: Banner of Truth, 2009), p. 161 [edição em português: *O Spurgeon que foi esquecido* (São Paulo: PES, 2004)].

AGORA É COM VOCÊ

Se você está segurando este livro com a esperança de um longo percurso com seu cônjuge, então quero convidá-lo a uma jornada. Se você leu *Quando pecadores dizem "sim"*, considere isso um check-up de dez anos.

Não sou especialista e tampouco sou casado com uma. Mas sou marido e pastor com três décadas e meia de atuação em ambas as funções. Mais importante, creio que você descobrirá nestas páginas que você e eu somos muito parecidos — muito mais do que você pode imaginar.

Talvez seu casamento tenha se tornado meramente funcional, operando como uma pequena empresa a serviço de adolescentes, profissões ou metas de aposentadoria. Talvez você esteja em meio a uma crise no casamento, apenas lutando para manter-se fiel aos seus votos. Ou talvez você esteja amadurecendo graciosamente a cada nova temporada. Seja qual for sua situação, quero lhe dar uma perspectiva nova e testada pelo tempo sobre como Deus pode usar esses momentos decisivos para tornar seu casamento mais resistente, mais robusto e mais duradouro de maneira geral.

Realmente, eu só quero escrever para você sobre o que Kimm e eu aprendemos, e quero que você veja como Jesus faz a diferença em todas as décadas. Ele nos alcança em todos os momentos decisivos do casamento.

Se parece que isso pode ajudar você, então acho que este livro merece o seu tempo.

Momento decisivo 1:
Quando você descobre que a imperfeição vai além do pecado

Sou fanático por simplicidade. Dê-me alguns passos simples para seguir ou uma maneira mais fácil de fazer algo, e você está me levando para o meu lugar feliz. Nossa biblioteca local agora possui registro automático de empréstimo de livros. Você escolhe, passa o livro e sai. Eu adoro. É uma brincadeira de criança. Na história do mundo, ler nunca foi tão simples.

Em contrapartida, odeio complexidade. É um ladrão de tempo, roubando-me horas que eu poderia passar desfrutando da simplicidade. Eu tenho uma televisão, e ela tem três controles remotos. Cada controle remoto tem uns cem botões. Morro de medo de chegar perto dessas coisas. A vida já é complexa o bastante sem a necessidade de ligar para o suporte técnico para mudar de canal. Desperdiçar meu tempo deveria ser mais simples.

Não faz muito tempo, ouvi falar de um princípio lógico chamado "navalha de Ockham". É o princípio de solução de problemas segundo o qual, quando se é apresentado a explicações concorrentes para um problema, a que tem o menor número de suposições geralmente é a verdadeira. Todas as coisas sendo iguais, a opção mais simples geralmente é a correta. Pelo menos a maior parte do tempo.

E assim é com o casamento. O maior problema em meu casamento — a maneira mais simples de explicá-lo — é meu próprio pecado. Deus planejou o relacionamento conjugal para ser parte de seu processo de mudança em nossas vidas. Seu objetivo magnífico é tornar maridos e esposas mais parecidos com Jesus. Porém, para nos tornarmos mais semelhantes a Cristo, devemos lidar com o fato de que somos pecadores. Em Cristo, somos totalmente perdoados, sim, mas ainda enfrentamos um impulso de fazer nossa vida ser mais sobre nós e menos sobre Deus.

Se não retemos essa ideia bíblica transformadora, não entendemos realmente o que torna o evangelho uma notícia tão boa. Se não vemos nosso pecado em toda a sua feiura, não temos o contexto para o que Cristo realizou quando morreu em nosso lugar. "O evangelho é significativo para nós", diz Jerry Bridges, "apenas à medida que percebemos e reconhecemos que ainda somos pecadores".[1] Se não enxergamos nossos desejos traiçoeiros, podemos esquecer nossa necessidade diária de graça e misericórdia. Embora sejamos novas criaturas em Cristo, ainda pecamos todos os dias em pensamentos, palavras e ações — e, talvez, ainda mais importante, em motivações. Casamento é o que acontece quando *pecadores* dizem "sim".

IMPERFEIÇÃO QUE VAI ALÉM DO PECADO

Mas dizer que o pecado é o nosso maior problema não significa que ele é o nosso único problema. O casamento é complexo, especialmente quando adicionamos hipoteca, adolescentes,

---
[1] Jerry Bridges, *The discipline of grace* (Colorado Springs: NavPress, 2006), p. 22.

sogros e, claro, qualquer tipo de gato. E é aqui que o nosso desejo pela simplicidade às vezes pode nos desencaminhar.

Alguns casais empurram seus problemas para soluções simplificadas — categorizando o comportamento do outro como transgressão moral ou retidão moral. Ora essa! Alguns cônjuges simplesmente colam um adesivo "PECADO" em cada questão que os irrita. É uma tendência humana e certamente não exclusiva da nossa geração.

Os discípulos de Cristo, certa vez, lhe relataram um terrível evento de seus dias. Pilatos misturara o sangue de certos galileus com os sacrifícios do templo. Jesus refutou o desejo deles de simplificar demais a tragédia: "Pensais", perguntou Jesus, "que esses galileus eram mais pecadores do que todos os outros galileus, por terem padecido estas coisas?" (Lc 13.2).

É a versão dos discípulos do mesmo diagnóstico que usamos no casamento: "Você sofre porque pecou". De modo automático, dividimos nosso próprio comportamento (ou de nosso cônjuge) em categorias organizadas de bem e mal, certo e errado, sem perceber que algo vital é prejudicado em nossa pressa para dar um veredito.

A pessoalidade de nosso cônjuge está em risco. Deixamos de vê-lo como uma pessoa em sua integralidade — uma pessoa cheia de pecado *e* graça, fraqueza *e* força; uma pessoa com um corpo humano corrompido *e* belo, que abriga uma alma eterna. Com uma visão limitada e simplificada da pessoalidade e da moralidade, o arrependimento — e arrependimento rápido, ainda por cima — é a resposta fácil para tudo o que nos incomoda. Mas isso não funciona, porque a imperfeição humana é mais complicada do que corações corrompidos.

Em um casamento, a simplificação precipitada pode estagnar nossa condição, mesmo quando cria a ilusão de progresso. Aconteceu com Sérgio.

Sérgio está casado com Clara há felizes vinte anos. Seu emprego, embora extremamente satisfatório, exigia muitas horas de trabalho duro. Seus três filhos adolescentes caminhavam com Cristo aos "trancos e barrancos", e seus tombos para trás muitas vezes pareciam mais longos do que os passos para frente.

Um dia, enquanto Sérgio dirigia por uma rodovia, seu coração disparou. Sutil no início, a sensação aumentou até se tornar uma palpitação muito forte no peito. Uma dor de cabeça se seguiu, desencadeando acessos de tontura. Sérgio, um entusiasta do CrossFit, nunca – *jamais* mesmo – experimentara isso antes. Quando os calafrios se iniciaram, ele começou a se imaginar conduzindo o carro para fora da estrada em direção ao acostamento. Não era uma resposta racional, ele sabia, mas certamente interromperia esse golpe repentino dentro de seus membros. Sérgio suspeitou de um ataque cardíaco e imediatamente ligou para Clara, que sabiamente o encorajou a abandonar seus planos e ir direto ao hospital.

Quando Sérgio chegou ao pronto-socorro, seus sintomas haviam diminuído bastante. Depois de alguns testes, o médico plantonista o mandou para casa com um encaminhamento para seu clínico geral. Sérgio presumiu que era apenas um vírus rebelde que anunciou sua presença antes de morrer, mas, em poucos dias, teve mais dois episódios. O último trouxe uma sensação esmagadora de condenação que o deixou o dia inteiro acamado. Para Sérgio, toda aquela experiência simplesmente não fazia sentido.

Naquela noite, Sérgio e Clara sentaram-se para conversar sobre o que estava acontecendo. Depois de ouvir mais sobre seus sintomas, Clara examinou a ansiedade persistente de Sérgio. Ela ouviu bem, mas identificou o problema como sendo o pecado da descrença. De fato, quanto mais conversavam, mais ela se convencia. Se Sérgio realmente quisesse se livrar da crescente opressão da ansiedade, ele precisaria se arrepender. Clara sugeriu passagens para Sérgio memorizar, para que a ansiedade não o atacasse novamente. Eles terminaram aquele tempo orando juntos.

Há muito o que elogiar no casamento de Sérgio e Clara. Sérgio estava sofrendo e recorreu imediatamente à esposa. Clara, preocupada com um ataque cardíaco, pediu-lhe que fosse ao pronto-socorro. Ela também ouviu atentamente as experiências do marido e o direcionou à Palavra de Deus. Eles oraram juntos, acreditando que Deus era sua esperança e libertação final.

Sérgio e Clara abordaram o problema como uma equipe sólida — agindo juntos, dependendo um do outro e apoiando todos os sacrifícios que fossem necessários para ver Sérgio prosperar novamente.

Existe mesmo algum problema aqui?

Sim, mas não é um problema de afeto nem de intenção. É um problema de escopo. Para Clara, a menção de Sérgio sobre a ansiedade desencadeou um diagnóstico espontâneo, em vez de um processo de descoberta. Ela não tinha uma categoria para o tipo de ataques de pânico que não estavam relacionados às circunstâncias e que exigiam mais atenção médica. Para ela, a Bíblia sempre simplifica o complexo. O pânico revelou ansiedade, e no cerne da ansiedade está o *pecado* — ponto final.

Clara sabe que a Bíblia é direta sobre como lidar com o pecado da ansiedade. E, já que o problema é o pecado, a solução deve ser o arrependimento.

Veja, Clara é uma boa esposa que ama seu marido. Ela também é o tipo de cristã que crê na fidelidade bíblica. Ela crê que a Bíblia funciona na vida real e crê que as boas-novas de Deus são capazes de trazer mudanças de dentro para fora. Ainda assim, Clara inadvertidamente adotou uma visão de mundo que restringe o amadurecimento do casal — uma visão em que o caminho da imperfeição sempre leva ao pecado pessoal.

Dói admitir isso, mas já fiz a mesma coisa. Todos nós rotulamos como pecado o sofrimento de nosso cônjuge. Quando os discípulos perguntam a Jesus: "Mestre, quem pecou, este ou seus pais, para que nascesse cego?" (Jo 9.2), eles representam todos nós.

ALÉM DO CORAÇÃO DE CASAMENTOS AMADURECIDOS

Era uma tarde preguiçosa no decorrer de uma reunião que duraria o dia inteiro. Nunca vou entender que mistério há em sentar-se ao redor de uma mesa de reunião a manhã inteira, que faz com que um homem fique faminto, mas ataquei o almoço como se estivesse satisfazendo uma vingança. Agora, era o almoço que exigia vingança, fazendo minha atenção ora se desviar lentamente do assunto, ora voltar-se para ele. De repente, uma conversa notável foi suscitada. David Powlison, presidente da Christian Counseling and Educational Foundation (CCEF), estava presente nas reuniões daquele dia e foi convidado a falar sobre as causas de nosso comportamento — sobre por que fazemos as coisas que fazemos.

David ficou animado com a questão. Imediatamente se levantou, pegou um marcador e começou a esboçar o diagrama abaixo:[2]

"O coração", começou dr. Powlison, "é o termo bíblico mais abrangente para o que determina a direção de nossa vida, nosso comportamento, nossos pensamentos e nossas ações". Ele descreveu como o coração está no centro de toda motivação humana. O coração é o cerne de nossa existência humana. Provérbios 4.23 diz: "Acima de tudo o mais, guarda seu coração, pois tudo o que você faz flui dele" (NIV). Jesus disse coisas semelhantes: "a boca fala do que está cheio o coração" (Lc 6.45); "Mas o que sai da boca vem do coração, e é isso que contamina o homem" (Mt 15.18). O coração fabrica nossos desejos. Os desejos do nosso coração revelam o nosso maior tesouro (Mt 6.21), e determinam o que fazemos (Gl 5.17-26). Nossos desejos são, ainda, o que está por trás de nossos conflitos (Tg 4.1).

Serei honesto. Nesse ponto, eu ainda estava lutando para prestar atenção. Não era apenas que tudo estava acontecendo na "zona morta" do meio da tarde de um dia inteiro de reunião.

---

2 As imagens neste capítulo são adaptadas de um diagrama do livro *Psychiatric disorders: a biblical approach to understanding complex problems*, de David Powlison *et al.* (2015). Usado com permissão de Christian Counseling and Educational Foundation. www.ccef.org. O dr. Powlison foi rápido em acrescentar que o conceito por trás dos dois primeiros círculos se originou com o dr. Mike Emlet, outro membro do corpo docente do CCEF.

Havia outro motivo, algo um pouco vergonhoso de admitir. O que David estava dizendo era bastante familiar para mim. Meu treinamento em aconselhamento bíblico atravessava a astúcia e a culpabilidade do coração humano: seus anelos, anseios, desejos e ídolos. Após anos de treinamento pastoral e ministério, me sentia bastante familiarizado com esse círculo. "Está certo. Entendi. Já vi esse filme antes." Infelizmente, meu compromisso involuntário com a simplificação excessiva estava se exibindo.

Então o dr. Powlison desenhou um segundo círculo. "Mas isso não é tudo", ele continuou. "Nosso coração está *fisicamente corporificado*".

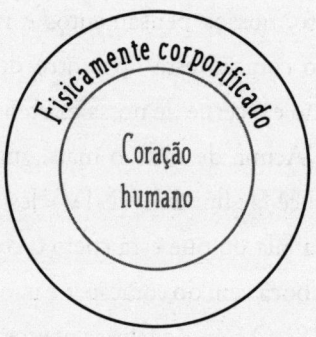

Ele explicou que nosso coração existe dentro de uma estrutura decadente. Estamos envelhecendo. Temos imperfeições. Contraímos doenças. Precisamos dormir todas as noites. Temos momentos de senilidade. Somos fracos, o que significa que temos áreas de nossa vida em que não somos onipotentes ou onisicentes. Nós não somos Deus.

Eu sabia exatamente do que David estava falando. Alguns dias antes, eu saí de uma cafeteria Starbucks e tentei abrir meu carro com sua chave eletrônica chique. Nada aconteceu. Minha mente travou imediatamente, instintivamente irritada com o dia perdido à minha frente. Preciso de uma bateria nova para a minha chave? (*Essas coisas têm baterias?*) Uma bateria nova para o meu carro? (*Ele tem uma nova em folha!*) Ou algum outro reparo inesperado será necessário? (*Odeio carros!*) Enquanto eu afundava emocionalmente por causa das horas que estava prestes a perder ligando para o seguro para consertar minha chave, avistei outro carro no estacionamento que parecia assustadoramente com o meu. (*Espere um pouco...*)

É um mau presságio quando você começa o dia percebendo que sua chave está boa, mas seu cérebro está com defeito. Sou fraco, e a cada dia surgem mais pistas.

Em um mundo caído, nossas mentes e corpos falham. Ainda não somos o que seremos. Há esquecimento, dores nas articulações, menopausa, depressão, câncer. A química e a fisiologia imperfeitas dos corpos caídos podem afetar nossa capacidade de controlar nossos desejos e responder às nossas circunstâncias. E nossos corpos têm um efeito direto em nossas almas.[3] Charles Spurgeon, em uma notável pregação pastoral, aconselhou sua congregação: "Não pense que é 'não espiritual' lembrar que você tem um corpo, pois você certamente tem um e, portanto, não deve ignorar sua existência".[4]

Você se lembra do Sérgio? Seus ataques de pânico pareciam não ter nenhuma relação com o estresse, surgiam em

---

[3] D. Martyn Lloyd-Jones ilustra esse impacto ao discutir a depressão. Ele diz: "Embora sejamos convertidos e regenerados, nossa personalidade fundamental não mudou. O resultado é que a pessoa que é mais dada à depressão que outra antes da conversão ainda terá que lutar contra isso após a conversão". Em *Spiritual depression: its causes and cures* (Grand Rapids: Eerdmans, 1965), p. 109 [edição em português: *Depressão espiritual, suas causas e cura* (São Paulo: PES, 2017)].

[4] C. H. Spurgeon, *The Metropolitan Tabernacle pulpit*, sermão 1668, "The still small voice", disponível em: https://www.spurgeongems.org/vols28-30u/chs1668.pdf, acesso em: 15 fev. 2021.

momentos aparentemente aleatórios e não estavam relacionados a nenhum pecado conhecido. Não estou sugerindo que seu coração fosse completamente puro. Poderia haver ansiedades pecaminosas embutidas em algum lugar em seu estado. Mas enxergar nossa pessoalidade de forma holística evita que a simplificação excessiva conduza o diagnóstico. Foi por ver sua alma como *fisicamente corporificada* que Sérgio pôde procurar um médico, começar a medicação e iniciar outros passos práticos que eliminaram, em grande parte, seus sintomas.

Quando o dr. Powlison encerrou esse assunto, tomei novo fôlego. Não porque a ideia de uma alma corporificada fosse inovadora, mas porque senti que o dr. Powlison tinha mais círculos a apresentar. De fato, ele desenhou um terceiro.

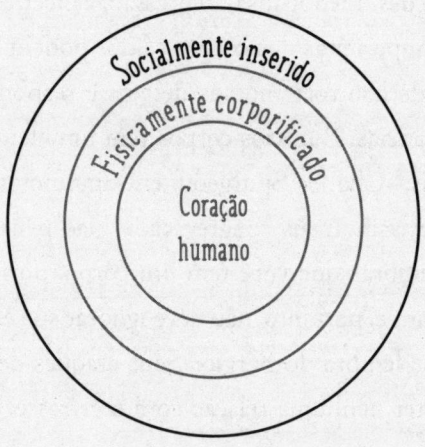

"Há ainda mais além de nossos corpos", explicou David. "O coração e o corpo estão *socialmente inseridos*". Ele descreveu como nossas respostas à tentação são sempre afetadas por nossa situação e história. Crescer na pobreza com um pai abusivo molda uma pessoa de uma maneira diferente de crescer em uma família estável, com pai e mãe, situada em um bairro de classe média. Como discuti no capítulo 1, crescer com um pai emocionalmente distante pode afetar a maneira pela qual você processa e experimenta as emoções.

Seu cônjuge vem de uma família com histórico de vícios? Seu marido sofreu abuso físico? Sua esposa sofreu abuso sexual? Frequentemente, quanto mais velhos ficamos, mais compreendemos o impacto. Em um mundo caído, a imperfeição nos visita até partirmos.

Nesse ponto, eu estava acordado e alerta. Estávamos vasculhando os terrenos "família de origem" e "experiência de vida" que, infelizmente, minha orientação pastoral não frequentara. Mas, à medida que o casal envelhece, torna-se importante que cada cônjuge compreenda melhor a influência de sua história pessoal, para ver que as experiências passadas têm influência no presente, que a vida familiar passada continua sendo uma força presente no comportamento. Pensei em situações de aconselhamento com as quais havia lidado ou sobre as quais tinha ouvido falar. Pensei em pessoas como Carol.

Carol tinha um segredo. Isso a enchia de vergonha e autocensura desde que ela e o marido, Rodrigo, saíram em sua "humilde lua de mel", termo carinhoso que Rodrigo usou para descrever sua noite de núpcias. As brincadeiras gentis de Rodrigo apenas aumentaram o senso de humilhação de Carol, principalmente porque ele não conhecia seu segredo.

Carol odiava sexo.

Não tinha nada a ver com Rodrigo. Carol amava o marido e continuava profundamente atraída por ele. Ela não se arrependia de ter se casado com Rodrigo ou de ter se tornado mãe de seus três filhos maravilhosos. Eles faziam sexo. Mas Carol ainda odiava isso.

Carol fora abusada sexualmente. *Se ao menos ela tivesse falado com alguém sobre as coisas que seu tio fazia... Se ao menos ela tivesse dado voz a sua confusão, sua aversão a si mesma, seus episódios de depressão esmagadora...* Mas, quando Carol considerou seu pai ausente, sua mãe solteira e sua família disfuncional, ela sentiu que seus segredos não ditos estavam mais seguros.

Carol achava que o casamento poderia resolver o problema. Afinal, Rodrigo era um cara piedoso, criado em um lar cristão. Um ano depois de se conhecerem, Rodrigo disse: "Case-se comigo", e seis meses depois eles se uniram. Tudo parecia um livro de histórias. Carol imaginou que seu corpo iria despertar para o seu novo marido, com certeza. Mas já fazia treze anos desde que Rodrigo e Carol subiram ao altar. Ela ainda amava Rodrigo, mas o abuso teve seus efeitos. O corpo de Carol rejeitou o que sua mente desejava.

Quando diminuiu o ritmo o suficiente para pensar, Carol se sentiu abatida. "O que está feito nunca pode ser desfeito", ela chorou. "Eu sou um material danificado! Meu corpo está irremediavelmente quebrado, e eu simplesmente não sei o que fazer!"

Ajudar Carol não era simplesmente algo como abrir em 1 Coríntios 7 e informá-la de que Rodrigo, como seu marido, tem autoridade sobre seu corpo. Nem eu começaria transmitindo a urgência de perdoar seu tio. Essa abordagem seria equivocada e tolamente cruel.

Carol precisava saber que ela não estava danificada; ela era vítima de um crime. Na verdade, muitos crimes. Carol precisava saber que não era sua culpa. E precisava ver que Deus é poderoso o suficiente para reescrever sua história de abuso sexual com um novo capítulo — um em que a sua identidade é transformada e o seu corpo é recuperado.

Nossas experiências relacionais passadas exercem uma influência poderosa sobre o nosso presente. Elas não *determinam* nosso comportamento, mas *influenciam* profundamente como pensamos e escolhemos. Compreender verdadeiramente seu cônjuge — conhecê-lo plenamente para amá-lo com devoção — é compreender seu passado relacional e como esse influencia seu presente.

Eu vi onde Carol se encaixava no círculo do "socialmente inserido" e agora estava totalmente envolvido. Eu não tinha ideia de para onde tudo isso estava indo...

OS CÍRCULOS CONTINUAM APARECENDO

"Ainda há mais", disse o dr. Powlison. "Nosso coração, que está fisicamente corporificado e socialmente inserido, também está *espiritualmente em batalha*". Ele traçou o próximo círculo.

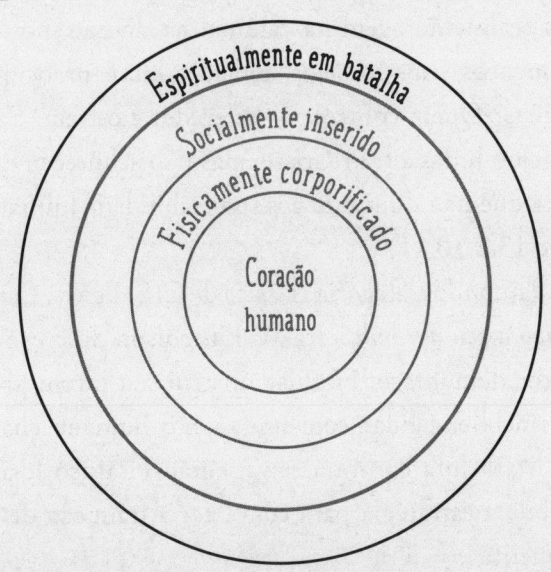

Espiritualmente em batalha
Socialmente inserido
Fisicamente corporificado
Coração humano

David citou o apóstolo Paulo: "porque a nossa luta não é contra o sangue e a carne, e sim contra os principados e potestades, contra os dominadores deste mundo tenebroso, contra as forças espirituais do mal, nas regiões celestes" (Ef 6.12). Ele também nos lembrou do que Pedro disse: "Sede sóbrios e vigilantes. O diabo, vosso adversário, anda em derredor, como leão que ruge procurando alguém para devorar"(1Pe 5.8).

A Bíblia é clara: existem forças espirituais atuando no mundo físico. Não importa o quanto isso possa soar desconfortável ou provinciano, é verdade. Esses inimigos estão trabalhando arduamente, procurando nos afastar de nosso Pai celestial e nos atrair para o inimigo infernal.

Quando você adiciona essa dimensão espiritual, as complicações elevam-se ao quadrado. Como verdadeiramente quantificar nossa batalha contra a tentação? Como Satanás influencia nossa mente e ações? Como seus artifícios realmente agem na calúnia, na divisão, nos falsos ensinamentos, nos desejos rebeldes, nas preocupações mundanas? Quem controla o acelerador e o freio? Satanás influenciou Judas a trair Cristo, mas isso aconteceu de uma maneira que não diminuiu a responsabilidade humana (Lc 22.3; Jo 13.2,10,11).

Adaptando a alegoria clássica de C. S. Lewis, *Cartas de um diabo a seu aprendiz*, Ira W. Hutchison descreve como o mentor demoníaco, Fitafuso, instrui seu jovem protegido, Vermebile, a lidar com um sujeito humano chamado Mark. Mark luta contra a raiva, então Fitafuso fornece a Vermebile a estratégia para converter a fraqueza de Mark em cegueira.

Uma vez que ele tende a interpretar tudo por meio de suas necessidades e desejos, você encontrará muita satisfação em agravar seus julgamentos sobre os outros. Sua esposa e seus filhos têm seus próprios defeitos e pontos cegos. [...] Leve-o a amplificar o erro de seus caminhos. Alimente sua obsessão por levar tudo para o lado pessoal. Deixe-o sentir em suas entranhas que tem o direito de ter as coisas da maneira que quiser. Cegue-o para qualquer esforço de ver as coisas através dos olhos deles.[5]

Existem coisas agindo em nós que vão muito além da natureza ou da nossa criação. Rótulos triviais para comportamento colados às pressas em nossos impulsos e desejos não impulsionam a mudança. Se quisermos ser verdadeiramente bíblicos ao examinar os atos e as omissões das pessoas, não devemos ignorar essa categoria impopular do ataque espiritual.

Por quê? Porque nosso objetivo não é simplicidade; é clareza bíblica. No próximo capítulo, tratarei de algumas maneiras específicas pelas quais o Diabo busca semear o engano em nossos relacionamentos conjugais. É bom lembrar que, quando almejamos um casamento para toda a vida, Satanás mobiliza as forças do inferno para nos separar um do outro e nos roubar a beleza que recebemos.

O dr. Powlison desenhou então o círculo final. Eu não conseguia imaginar o que seria.

---

5 Ira W. Hutchison, *Screwtape: letters on alcohol* (Kansas City, MO: Sheed & Ward, 1992), p. 28.

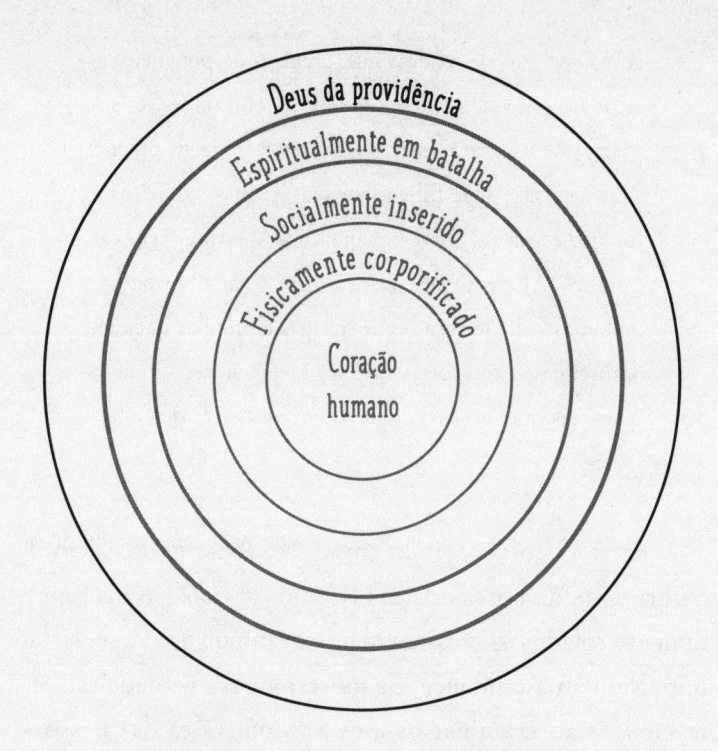

Deus da providência
Espiritualmente em batalha
Socialmente inserido
Fisicamente corporificado
Coração humano

"O círculo mais impressionante e misterioso é a doutrina da *providência de Deus*", disse David. A Bíblia nos diz que Deus trabalha por meio de todas as causas secundárias para executar sua boa e perfeita vontade. Ele envolve nossos corações corporificados, nossos sistemas sociais e nossas batalhas espirituais com suas boas intenções e propósitos graciosos. Em todas as circunstâncias, ele está por trás de tudo, trabalhando "para o bem daqueles que amam a Deus, daqueles que são chamados segundo o seu propósito" (Rm 8.28). Nenhum pardal cai no chão sem seu conhecimento, sem seu cuidado.

Podemos lembrar de José. Ele era um adolescente egoísta em uma família disfuncional. Seu pai o mimava. Seus irmãos eram tão abjetamente ciumentos que venderam José como escravo. Ao lermos sua história nos capítulos finais de Gênesis, descobrimos a soberania de Deus sobre todos os círculos. Ele conhecia o coração de José, as aflições de seu corpo e os pecados graves de sua família. Mas, ao final, José olhou para trás, para todos os pecados e sofrimentos, e pôde dizer com confiança a seus irmãos: "Você intentaram me prejudicar, mas Deus planejou isso para o bem" (Gn 50.20, NIV).

A história de Jó brilha com a mesma verdade. Ele foi atacado por Satanás e afligido de todas as maneiras. Ainda assim, quando lemos o final da história, concluímos: "Tudo vem do Senhor — para a glória de Deus e o bem de Jó".

Os eventos da vida de alguém, a atividade inserida em todos os círculos, sua influência sobre quem somos e o que nos tornamos; todos eles contêm momentos decisivos que em si mesmos estão amorosamente inseridos nos cuidados da surpreendente providência de Deus. Como escreve Philip Graham Ryken:

> Deus é o Rei do Tempo. Ele regula nossos minutos e segundos. Ele governa todos os nossos momentos e todos os nossos dias. Nada acontece na vida sem sua superintendência. Tudo acontece quando acontece, porque Deus é soberano sobre o tempo, assim como sobre a eternidade.[6]

O dr. Powlison largou o marcador e sentou-se. Eu sequer me lembro de vê-lo sair de perto do quadro porque meus olhos estavam paralisados nos círculos sobrepostos. Havia

---

6 Philip Graham Ryken, *Ecclesiastes: why everything matters, preaching the Word* (Wheaton: Crossway, 2010), p. 80 [edição em português: *Estudos bíblicos expositivos em Eclesiastes* (São Paulo: Cultura Cristã, 2017)].

beleza na simplicidade, não como uma alternativa à complexidade, mas, sim, por causa da maneira pela qual ela tornava a complexidade bela. Lembro-me de uma citação de Oliver Wendell Holmes frequentemente repetida: "Eu não daria nada pela simplicidade deste lado da complexidade, mas daria minha vida pela simplicidade do outro lado da complexidade".

Os círculos sobrepostos ofereciam uma maneira simplificada de entender as influências complexas que moldam o casamento. Eles eram, nas palavras de Holmes, "a simplicidade do outro lado da complexidade".

Larguei minha caneta e olhei pela janela. Instintivamente, naquele canto profundo da alma que marca as memórias, eu sabia que esse era um momento decisivo para mim. David nos deu uma breve estrutura para entender o que os teólogos chamam de *antropologia teológica* — isto é, de que modo nós, entendidos como pessoas em sua integralidade, respondemos à vida em um mundo caído. Essa estrutura se tornaria uma ferramenta para meu pastorado e minha paternidade, e particularmente para o meu casamento.

COMO ESSE MOMENTO DECISIVO AJUDA MEU CASAMENTO A RESISTIR?

Quando fecho meus olhos, imagino você terminando essa seção e dizendo: "Bem interessante, Dave. Mas o que esses círculos sobrepostos têm a ver com melhorar ou fortalecer meu casamento?". Essa é a pergunta certa a se fazer. Deixe-me sugerir três respostas.

Primeiro, os círculos sobrepostos ajudam você a ver o alcance da obra transformadora de Cristo. Entender que você se casou com um pecador imperfeito é essencial para a longevidade do casamento. Seu cônjuge é alguém que foi específica e pessoalmente impactado por viver em um mundo caído. No cerne de nossa imperfeição, está nossa separação pecaminosa de Deus antes da conversão (Ef 2.1-3) e nossa guerra contínua com o pecado após a conversão (Gl 5.17).

Todos nós sentimos essa batalha. Outro dia, Kimm disse algo que descartei arrogantemente. Em uma exibição de presunção, o orgulho em meu coração encontrou uma língua e eu falei. Naquele momento, eu fui um mau líder, um exemplo débil e um marido desamoroso. Eu fui um cristão imprudente, espalhando pedras de tropeço por toda a sala de estar. O Espírito Santo me convenceu de que eu havia pecado. Agradeço a Deus que sua graça me convenceu e produziu uma confissão mais tarde naquele dia. Mas foi um novo lembrete de que caminho por este mundo carregando uma guerra dentro de mim. E, enquanto eu respirar, essa batalha constante contra o pecado continua sendo meu maior problema.

Mas meu pecado interior não me define. A cruz garantiu isso. O pecado resiste a mim, tentando subverter a atividade de Deus, mas minhas lutas contra o pecado não formam mais minha identidade. Não me considero "Dave, o arrogante", assim como não gostaria que você se visse apenas como "Cristina, a sobrevivente do abuso", ou "Ronaldo, o viciado". Por causa da obra de Cristo, agora somos objetos de seu amor, sob nova posse. Somos vestidos com sua justiça, temos nossos pecados perdoados, somos adotados em sua família e recebemos uma nova identidade. Quando Deus pensa nos cristãos, ele se lembra da obra perfeita e consumada de seu Filho, e isso suscita seu amor, sua alegria e sua bênção exitosa.

O que tudo isso significa para o casamento? Cristo resolveu o problema mais profundo do círculo central, e agora sua obra consumada começa a reverter os efeitos da Queda, começando com nossos corações e se espalhando também para todas as outras esferas. Porque Cristo está em ação redimindo cada esfera, podemos explorar, com ousadia, os círculos externos sem deslocar o central. Fazemos isso porque sabemos que o ser humano é complexo e que o nosso cônjuge é mais do que um pecador. Conhecer meu passado familiar não impede Kimm de examinar minha vida emocional, porém, conhecer as complexidades da maneira que fui criado dá a ela paciência para a jornada. E, por causa do que Deus conquistou em Cristo, podemos investigar a complexidade de nossos problemas com esperança. Precisamos de nosso Salvador para todas as esferas, e precisamos dele todos os dias.

Os círculos nos mostram todas as maneiras pelas quais o poder do evangelho é manifestado na terra. Por meio de sua morte sacrificial e ressurreição gloriosa, Jesus transforma os círculos, começando pelo centro e seguindo de dentro para fora, até que "da sua glória se encha toda a terra" (Sl 72.19).

A obra de Cristo começa a reverter os efeitos da Queda, começando em nossos corações e se espalhando para todas as outras esferas.

Segundo, os círculos sobrepostos transformam nosso casamento em um lugar para o ministério da pessoa em sua integralidade. Por meio do casamento, Deus nos convida a conhecer completamente outro ser humano. Isso só parece simples. Na vida, o conhecimento torna-se cada vez mais complexo à medida que passamos do conhecimento de coisas simples (como uma espátula) para coisas mais complexas (digamos, uma tarântula) e, então, para coisas com complexidade ainda maior (nosso cônjuge). Em última análise, esse princípio se aplica até ao próprio Deus. "Quanto mais complexo o objeto", diz J. I. Packer, "mais complexo é entendê-lo".[7]

O casamento é uma busca para conhecer o dom complexo que Deus deu a você em seu cônjuge. Você deve aprender quem ele é como uma pessoa *integral*, para que possa amá-lo e cuidar dele de maneira hábil. Isso nunca envolve ignorar o pecado em seu cônjuge, mas requer que você veja, para além dos padrões de tentação e pecado, o propósito maior de Deus.

Assim como sua mãe e seu avô antes dela, Joana luta contra a depressão. Ela administra sua vida por meio de dieta e exercícios, conversas honestas com seu marido Daniel, meditação bíblica, envolvimento ativo em sua igreja e uma dose diária de um antidepressivo. O estado de Joana se tornou uma parte vital da vocação de Daniel. Os círculos sobrepostos ajudaram-no a compreender os vários fatores que contribuem para a depressão dela, sem ignorar ou ofuscar seu coração. O marido de Joana ora por ela regularmente, certifica-se de que ela está se exercitando, incentiva suas visitas ao médico e, ocasionalmente, confronta suas tentações de autocomiseração ao perceber que Joana está alimentando sua depressão. Quanto mais Daniel se aproxima de sua esposa para entender seu mundo, mais está apto para amorosamente oferecer ajuda de uma maneira que separe corretamente sua aflição fisiológica de seu coração culpável.

---

[7] J. I. Packer, *Knowing God*, 20th anniversary ed. (Downers Grove, IL: InterVarsity, 1993), p. 35 [edição em português: *O conhecimento de Deus* (São Paulo: Cultura Cristã, 2014), e-book pos. 494].

No início do casamento, Daniel tinha alguns instintos legalistas. Ele interpretava todo comportamento à luz do coração pecaminoso de Joana, mas isso nunca realmente a ajudou. Então Daniel teve um momento decisivo. Ele percebeu que nossa imperfeição vai além do nosso pecado. Ele percebeu que, para amar Joana completamente, deve entendê-la profundamente. Porque Daniel queria amar sua esposa "como também Cristo amou a igreja e a si mesmo se entregou por ela" (Ef 5.25), ele passou um tempo examinando cada círculo para entendê-la de forma mais compreensiva. Compreender a história de Joana, sua família e seu passado também ajudou Daniel a entender melhor as tendências e tentações de sua esposa de uma forma que genuinamente a edificasse.

Explorar como a Queda afeta a pessoa por inteiro ajudou Daniel a ver a plenitude do amor de Deus. Com o passar dos anos, Daniel e Joana se sentem mais próximos do que nunca. Sim, eles brigam e discutem. Mas estão construindo um casamento mais duradouro porque o sofrimento de Joana trouxe um presente inesperado: Joana e Daniel se conhecem e são totalmente conhecidos. O casamento deles incorpora a sabedoria transmitida por Timothy Keller:

> Quando, ao longo dos anos, alguém vê o que você tem de pior, conhece com todos os seus pontos fortes e falhas e, ainda assim, se compromete inteiramente contigo, essa é uma experiência completa. Ser amado sem ser conhecido é confortador, mas superficial. Ser conhecido e não ser amado é nosso maior medo. Mas ser plenamente conhecido e verdadeiramente amado é muito parecido com ser

amado por Deus. E é disso que precisamos mais do que qualquer outra coisa.[8]

Por fim, os círculos sobrepostos ajudam a nos adaptarmos às mudanças em nosso casamento. Da próxima vez que vir recém-casados, diga-lhes para darem uma boa olhada em seu cônjuge. Lembre-os então de que, se o casamento deles perdurar, eles na verdade viverão com vários cônjuges diferentes, todos eles a mesma pessoa.

Parece confuso? A maioria das pessoas entra no casamento sem saber das mudanças profundas que ocorrerão em seu cônjuge com o passar dos anos. Aparência, ideias, preferências, dores; seu cônjuge se transformará em algo que contém uma forte semelhança com as fotos de seu casamento, mas que é dramaticamente diferente da pessoa a quem você disse "sim". Ser casado há muito tempo significa se adaptar bastante.

Lembrar que somos almas corporificadas também ajuda aqui. Os círculos sobrepostos podem nos ajudar a ver como nossa "clivagem" (Gn 2.24) deve se adaptar às mudanças de necessidades e ao envelhecimento dos corpos. Pode ser difícil para quem está em lua de mel entender isso – principalmente porque é impossível separá-los –, mas envelhecer juntos significa que os corpos mudam, os desejos mudam e as coisas simplesmente já não funcionam tão bem... ou, atrevo-me a dizer, tão frequentemente!

Portanto, devemos nos adaptar a cada fase, sabendo que, "mesmo que o nosso homem exterior se corrompa, [...] o nosso homem interior se renova de dia em dia" (2Co 4.16).

---

[8] Timothy Keller, The meaning of marriage (New York: Dutton, 2011), p. 95 [edição em português: O significado do casamento (São Paulo: Vida Nova, 2012), p. 116].

Da mesma forma, as aflições da família de origem podem fornecer dados importantes sobre as vulnerabilidades físicas, as propensões mentais e a trajetória de saúde de nosso cônjuge. Conforme o casamento avança, visitar os círculos frequentemente se torna cada vez mais vital, já que nossa condição caída vem à tona com mais força e frequência. Paulo descreve bem isso ao prosseguir em 2 Coríntios 4.17,18: "Porque a nossa leve e momentânea tribulação produz para nós eterno peso de glória, acima de toda comparação, não atentando nós nas coisas que se veem, mas nas que se não veem; porque as que se veem são temporais, e as que se não veem são eternas".

AONDE VAMOS DAQUI PARA FRENTE

Ao chegar ao final deste segundo capítulo, você pode perceber que entendeu o comportamento de seu cônjuge de uma maneira muito estreita e simplista. Pode estar sentindo que precisa de uma visão mais holística e talvez mais bíblica. Você está tendo seu próprio momento decisivo.

Se for assim, você está indo na direção certa. Vamos ficar juntos um pouco mais para que eu possa compartilhar alguns outros momentos decisivos. Veremos de que modo culpar nosso cônjuge está profundamente arraigado em nosso DNA. Descobriremos de que maneira o casamento é intencionalmente planejado para revelar nossas fraquezas a fim de que possamos encontrar a surpreendente graça de Deus. Discutiremos o que fazer quando nossos sonhos para o casamento não nos deixam nada a não ser decepções. E veremos o que podemos fazer se percebermos que desperdiçamos nossa vida e nosso casamento com prioridades erradas.

Se você está curioso para ouvir mais, então continue lendo. O Deus que conhece e ama você quer ir ao seu encontro — em toda a sua complexidade — nesses momentos. Creio que Deus está operando em você agora, enquanto você busca construir um casamento forte, que glorifique a Deus e resista ao tempo. Antes de prosseguirmos para o terceiro capítulo, vamos conferir um gráfico que nos ajuda a aplicar e lembrar o conteúdo deste importante capítulo.

MOMENTO DECISIVO 1: QUANDO VOCÊ DESCOBRE QUE A IMPERFEIÇÃO VAI ALÉM DO PECADO

Para prosperar no casamento a longo prazo, precisamos cuidar de nosso cônjuge como uma pessoa integral. Isso significa ver como as boas-novas de Deus falam não apenas ao pecado de nosso cônjuge, mas também à sua imperfeição.

	O MOMENTO	NOSSA RESPOSTA
A decisão pela verdade	Vou moralizar e simplificar demais todas as questões do nosso casamento? Vou colocar um adesivo de "PECADO" ao lado de tudo que me irrita?	*Ou* reconhecerei a complexidade da imperfeição que é maior que o pecado — fraquezas como fisiologia, aflição e as mudanças que vêm com a idade?
O custo exigido	Deixarei de cuidar de meu cônjuge como uma pessoa integral porque isso viola meu conforto, leva-me a pensar mais profundamente ou por medo de parecer leniente com o pecado?	*Ou* entenderei melhor a influência da minha história pessoal, reconhecendo que minha criação, minhas experiências passadas e, até mesmo, os pecados das gerações anteriores (embora não determinantes; Fp 3.13) têm influência presente sobre meu comportamento (Nm 16.14)?
A oportunidade de exaltar a Deus	Permanecerei intencionalmente desatento à batalha espiritual travada contra nosso casamento, simplesmente porque é impopular ou me deixa desconfortável?	*Ou* crescerei em oração e confiança ousada em Deus, que trabalha em todas as causas secundárias para executar sua boa e perfeita vontade?
Como isso edifica a alma	Ignorarei o convite de Deus para ver que a pessoalidade significa mais do que simplesmente a atividade do coração?	*Ou* nosso casamento será transformado em um lugar para o ministério da pessoa integral, onde podemos amar um ao outro de maneira hábil e nos adaptar às mudanças com graça?
Como isso define nosso destino	Eu me conformarei com uma visão reduzida da obra de Cristo, pensando que ele só resolve o problema do meu pecado?	*Ou* reconhecerei a complexidade e verei todo o alcance da obra de Cristo, permitindo que sua obra consumada reverta a Queda em todas as partes do nosso ser?

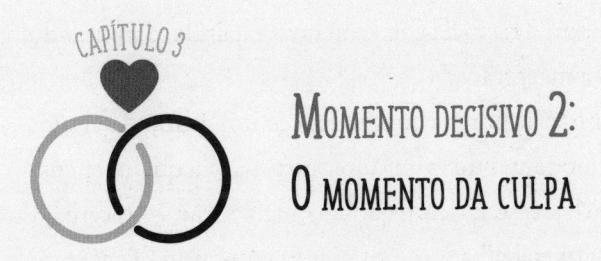

Capítulo 3
Momento decisivo 2:
O momento da culpa

Há alguns anos, funcionários de um museu estavam trabalhando com a máscara dourada de 3.300 anos do Rei Tut. Se esse nome não é familiar, o rei Tutancâmon, apelidado de "Tut", foi um dos últimos faraós da Décima Oitava Dinastia do antigo Egito, a primeira dinastia do período do Novo Reino. Cerca de cem anos atrás, o arqueólogo Howard Carter descobriu a tumba de Tutancâmon, completa, com uma sala do tesouro lotada até o teto com santuários de ouro, joias, estátuas de valor inestimável, uma carruagem e, é claro, a máscara funerária do próprio Rei Tut. Esta máscara é um dos artefatos mais valiosos do mundo. É uma das peças mais conhecidas da antiguidade egípcia.

Mas houve um acidente...

A barba do rei Tut se partiu da máscara. Ainda não está claro se foi uma pancada, uma queda, um deslize ou se foi atingido por um frisbee durante uma pausa para o café. Mas o que está cristalino é o que os funcionários do museu fizeram na sequência. Em vez de relatar os danos e garantir que a máscara fosse devidamente reparada, a equipe do museu pegou um pouco de cola instantânea e colou a barba de volta no queixo do rei Tut. Talvez fosse epóxi, não sei. Mas a gafe não terminou aí. Um relato indica que os funcionários do museu ainda rasparam o resto da cola com uma espátula, danificando ainda mais a máscara.

Essa história acaba comigo. Parece um grupo de alunos do sétimo ano tentando evitar uma suspensão a qualquer custo, não é? Mas esse fiasco foi muito mais sério — e caro. A equipe de oito trabalhadores do museu enfrentou julgamento no Egito por negligência grave.

Erros como esse nos deixam loucos. Podemos ir a extremos irracionais para esconder as nossas transgressões. Você sabe do que estou falando. Todos nós temos nossas próprias histórias de "colar a barba do rei Tut" na tentativa de escapar da responsabilidade, evitar ser pego ou fugir dos problemas. Esquivar-se da culpa está profundamente enraizado em nossa composição genética.

E é uma das maiores ameaças a um casamento duradouro.

NOSSO PROBLEMA FUNDAMENTAL

No último capítulo, argumentei que a imperfeição vai além do nosso pecado. Escrevi sobre o perigo de dividir o comportamento de nosso cônjuge — ou o nosso — em categorias prontas de certo e errado, porque isso pode simplificar demais a pessoalidade de nosso cônjuge. Falei sobre a necessidade de enxergá-lo como uma pessoa integral — uma pessoa cheia de pecado *e* graça, fraqueza *e* força; uma pessoa com um corpo humano corrompido *e* belo que envolve uma alma eterna. Este capítulo não recua dessa verdade nem por um segundo. Mas devemos ser claros em uma coisa. Só porque nossa imperfeição vai além do nosso pecado, não significa que podemos colocar a culpa de nosso pecado nas nossas imperfeições.

O que quero dizer é o seguinte. Os círculos sobrepostos do capítulo 2 introduzem duas tentações concorrentes:

Primeiro, somos tentados a abandonar o círculo central — ignorar nossos corações pecaminosos — e a nos colocar no casamento como meros recipientes passivos de todas as outras influências. Quando sucumbimos a esse engano, colocamos a culpa de tudo o que dá errado no casamento em corpos envelhecidos, histórias familiares e em um inimigo diabólico.

A segunda tentação — e potencialmente mais mortal — é trocar o círculo central por um dos outros. Essa é uma manobra perigosa, já que não parece ignorar a existência do pecado. Em vez disso, esse engano simplesmente diz que o pecado não é o nosso problema fundamental. Em seu lugar, nosso problema principal seria, por exemplo, nossa biologia, nosso ambiente ou o vício de nosso pai.

Devemos reconhecer a complexa interação entre nossa alma, nosso corpo, o ambiente relacional, nossa história familiar e nosso grande inimigo. No entanto, se quisermos preparar nosso casamento para ser forte e duradouro, devemos reconhecer *a principal* atração e tentação que luta vigorosamente contra o sucesso conjugal.

Você sabe o que é?

A lista de pecados que nos fazem tropeçar é grande demais para contar, mas há uma questão fundamental que está no cerne de cada casamento miserável e de cada divórcio devastador desde o início dos tempos. É também o problema por trás do desastre da barba do rei Tut.

Temos dificuldade em assumir a culpa quando estamos errados.

RESPONSABILIDADE MORAL SOB ATAQUE

Kimm e eu moramos na Flórida. Em setembro passado, fomos atingidos por um furacão, uma senhorita chamada Irma, que lançou sua personalidade "categoria 4" no sudoeste do estado. Os resultados, em muitos lugares, foram devastadores. Agora, Irma já se foi; porém, o dano que infligiu permanece.

Em Gênesis 3, um furacão chamado Satanás atingiu o jardim do Éden. Os efeitos desse momento decisivo permanecem até hoje e são mais significativos do que a maioria das pessoas percebe. Temos a tendência de reduzir Gênesis 3 a uma história sobre as origens do pecado e da imperfeição. Mas isso é apenas mais da nossa tendência de simplificar demais. O significado de Gênesis 3.1-13 é mais amplo. O capítulo nos dá um tutorial completo sobre o caráter, a natureza e as tendências de pessoas imperfeitas. Ele não apenas nos mostra *de onde veio* o pecado, mas também a maneira tortuosa pela qual o pecado *opera* no coração humano hoje.

Se Gênesis fosse a saga *Star Wars*, o capítulo 3 seria algo como os planos estruturais da Estrela da Morte sendo roubados; com a diferença de que nossos planos é que foram roubados. E eles revelam maneiras específicas pelas quais somos vulneráveis a ataques e destruição. Esses planos mostram os lugares específicos que nossos inimigos — o mundo, a carne e o Diabo — têm maior probabilidade de atacar.

O pecado começou com um engano: "É assim que Deus disse...?". E, depois que o homem e a mulher cederam, o engano continuou. Uma das principais maneiras pelas quais somos enganados — uma das maneiras fundamentais pelas quais ainda sofremos o dano do furacão original — é nossa tendência de desviar a culpa, rejeitar a responsabilidade pessoal e atribuir nossas decisões pecaminosas a outros. C. S. Lewis acertou em cheio ao observar: "Aqueles que não pensam em seus próprios pecados compensam isso pensando incessantemente nos pecados dos outros".[1]

Essa dinâmica aparece quase imediatamente após o primeiro casamento. O furacão Satanás atingiu o jardim; a mulher buscou abrigo na desobediência; o homem escondeu-se na ambiguidade. Ambos estavam errados. Ambos estavam completamente errados. Mas, em vez de reconhecer isso, Adão, para se livrar, culpou a mulher e pegou a cola instantânea.

Ao transferir a culpa para a mulher, Adão desviou sua responsabilidade moral atribuída por Deus para longe de si e colocou sobre ela: "A mulher que me deste por esposa, *ela* me deu da árvore, e eu comi" (Gn 3.12, ênfase do autor). Essa fuga astuta revela a natureza do pecado, um desejo poderoso embutido em cada coração. O pecado luta para transferir responsabilidades, tanto diante de Deus quanto dos outros. Nossa tendência é nos escondermos da culpabilidade moral e nos fazermos de vítimas das decisões dos outros.

E não culpamos apenas os outros. Nossa insanidade final é revelada quando nos convencemos de que também somos vítimas das decisões de Deus. Afinal, foi "A mulher que [*tu*] me *deste* por esposa" que colocou o fruto em minhas mãos.

Quando o pecado bate à porta, pensamos que todos, exceto nós, são culpados. Até mesmo Deus.

Na introdução do livro *Hillbilly Elegy* [Era uma vez um sonho], o autor J. D. Vance comenta sobre trabalhar em um

---

1 C. S. Lewis, God in the dock (Grand Rapids: Eerdmans, 2014), p. 127 [edição em português: Deus no banco dos réus (Rio de Janeiro: Thomas Nelson, 2018)].

depósito com um cara chamado Bob. Como Vance conta, Bob tinha dezenove anos e uma namorada grávida. Não obstante o que poderia parecer uma fonte de motivação eficiente, Bob era um péssimo trabalhador. Ele faltava ao trabalho uma vez por semana e estava cronicamente atrasado. Além disso, costumava fazer três ou quatro pausas para ir ao banheiro por dia, cada uma com duração de meia hora.

Você pode adivinhar o que aconteceu. Por fim, o chefe despediu Bob. Em uma área onde era difícil encontrar um bom trabalho, Bob jogou fora um bom emprego com excelente plano de saúde. Mas não era isso o que mais incomodava Vance:

> Quando isso aconteceu, [Bob] gritou furioso com o supervisor: "Como você pode fazer isso comigo? Você não sabe que a minha namorada está grávida?".

Vance então observou:

> Quando tudo acabou, Bob achou que foi algo que fizeram com *ele*. Existe uma falta de agência aqui — um sentimento de que se tem pouco controle sobre a própria vida e um desejo de culpar todo mundo menos a si mesmo.[2]

Eu posso dizer. Quando meu pecado começa a agir, meu dedo começa a apontar. Bem, eu pensava que esse problema iria desaparecer ou pelo menos diminuir de intensidade após

---

2 J. D. Vance, Hillbilly Elegy: a memoir of a family and culture in crisis (New York: Harper, 2018), p. 6-7 [edição em português: Era uma vez um sonho: a história de uma família da classe operária e da crise da sociedade americana (Rio de Janeiro: Leya, 2017), p. 13-14].

três décadas de casamento. Mas ainda sou regularmente tentado a usar a "saída de emergência da agência"[3] em minha defesa. Em outras palavras, ainda sou tentado a transferir a culpa. "Foi a mulher que me deste, Senhor" muitas vezes ecoa nos locais por onde passo. Sou pior do que Jimmy Buffett.[4] Nem mesmo ele se esconde atrás da mulher ao lamentar a vida na canção *Margaritaville*: "Algumas pessoas dizem que a culpa é de uma mulher, mas sei que a culpa é minha mesmo".

Somos mais parecidos com Adão do que pensamos. Quando o pecado fala, ele oferece uma voz passiva. *Quem, eu?* "Sou apenas um poço de bondade desfrutando do jardim — caminhando e conversando com Deus, espalhando sua glória", diz Adão. "As coisas ruins estão acontecendo *comigo*. Não é culpa de ninguém. Na verdade, retiro o que disse. É aquela mulher, Senhor. *Ela* me deu aquilo!"

Na mente de Adão, o pecado foi feito *contra* ele, e não *por* ele. A responsabilidade pessoal foi trocada por autoindulgência. Sob influência do pecado, sua autocompreensão tinha apenas uma categoria: ser vítima do pecado. Essa ilusão converte nossas promessas em restrições injustas impostas a nós por outros. Você já viu isso; de fato, todos nós já vimos. O cônjuge que deixa o casamento porque "Deus não pode esperar que eu continue casado com uma pessoa que não amo mais!" Deus se torna um ogro exigente porque a Escritura nos

---

3 Quando me refiro à "agência" pessoal neste capítulo, quero dizer essencialmente responsabilidade pessoal. Isso não significa negar que o pecado em um mundo caído frequentemente encontra expressão em sistemas, estruturas, práticas e políticas malignas. A história e a realidade atual estão cheias de vítimas reais da opressão. Meu objetivo neste capítulo não é ser abrangente, mas específico: nossa tendência como cônjuges em, não fosse isto, casamentos saudáveis é transferir a culpa para minimizar nosso pecado.

4 Cantor e empresário americano. (N. do T.)

requer compromisso com nossos votos. Sentimo-nos então à vontade para descartar nossas obrigações, uma vez que elas não correspondem mais à nossa nova narrativa. Como o rei Lear, abdicamos do trono da responsabilidade pessoal e, em vez disso, reclamamos: "Sou um homem contra quem pecaram muito mais do que pequei".[5]

Como isso se relaciona com o casamento? Acho que você sabe. Nos momentos decisivos da vida conjugal, frequentemente há dois pecadores lutando para estar na posição moral mais elevada. É bem feio de se ver: "É tudo culpa do meu cônjuge... E ele não admite!". Nossos olhos estão tão atentamente focados em nosso cônjuge que se torna impossível nos vermos como algo menos do que um notável exemplar de santa tolerância. Afinal, os anjos sem dúvida estão aplaudindo nosso caráter e motivação enquanto trabalhamos pacientemente para ajudar nosso cônjuge a compreender o peso de suas ofensas, certo?

Acho que não.

Você já percebeu que, quando contamos histórias de nossas provações e problemas, raramente somos o antagonista? Raramente estamos situados na história como pecadores com toda a nossa sujeira. Não, nós somos esses seres notavelmente justos, sofrendo passivamente com as lutas de nosso cônjuge contra o pecado. *Eu? Meu papel nesse relacionamento é espalhar amor e alegria aonde quer que eu vá. Meu coração é puro; minhas intenções são absolutamente celestiais em sua bondade. O coração dela? Corrompido. Suas motivações? Egoístas. Seu objetivo? Culpar a mim.*

Orem por mim, pessoal.

---

5 William Shakespeare, King Lear, ato 3, cena 2, linhas 57-58 [edição em português: O rei Lear, tradução de Millôr Fernandes (Porto Alegre: L&PM, 1997)].

Voltando aos círculos sobrepostos do capítulo 2, uma criança repetidamente abusada por um parente em casa é vítima de um crime horrível de sexualidade pervertida. Aqui há uma interação óbvia entre ser vitimado por outras pessoas, o impacto de um lar inseguro e, até mesmo, a obra maligna de influências demoníacas. Contudo, se essa criança se tornar um adulto que abusa *do seu* cônjuge, é culpado por tais escolhas adultas. Enquanto respiramos, nosso coração pecaminoso oferece a principal explicação de *por que as pessoas amam as trevas em vez da luz* (veja Jo 3.19).

Esconder-se na escuridão é um problema crônico. E fica pior com o passar dos anos. Não apenas temos uma inclinação natural para evitar a culpa, mas também, senão no caso de uma afeição crescente por Deus, nossa disposição de aceitar a responsabilidade enfraquece conforme envelhecemos. O pastor puritano John Owen observou:

> As pessoas na juventude naturalmente têm afeições mais vigorosas, ativas e rápidas. À medida que suas mentes começam a desacelerar naturalmente, a agudez e sagacidade se perdem. Não obstante, a menos que estejam imersos em sensualidade ou corrupções lascivas, eles crescerão em suas percepções, resoluções e julgamentos. Se, entretanto, suas afeições (ou suas emoções inclinadas e disciplinadas) não forem educadas, eles se tornarão velhos tolos. É como se as tendências fracas da infância nunca fossem corrigidas e levassem a formas maiores e mais exageradas de fraqueza na velhice.[6]

---

6 John Owen, Sin and temptation, organização de James M. Houston (Minneapolis, MN: Bethany House, 1995), p. 43 [edição em português: Para vencer o pecado e a tentação (São Paulo: Cultura Cristã, 2019)].

RECUPERANDO A RESPONSABILIDADE PESSOAL

Se quisermos um casamento duradouro, devemos perseverar em nossa atenção a esse detalhe. Não deixe que o sofrimento, o cinismo ou o pecado dissolvam sua agência moral. Não caia em uma forma de pensar ou viver que prejudique fundamentalmente a responsabilidade por suas escolhas. Não passe sua responsabilidade para outros ou para Deus. Como Tiago nos avisa:

> Ninguém, ao ser tentado, diga: Sou tentado por Deus; porque Deus não pode ser tentado pelo mal e ele mesmo a ninguém tenta. Ao contrário, cada um é tentado pela sua própria cobiça, quando esta o atrai e seduz. Então, a cobiça, depois de haver concebido, dá à luz o pecado; e o pecado, uma vez consumado, gera a morte. (Tg 1.13-15)

Tiago nos diz que perder a agência pessoal é mortal. E aqui está um motivo: *se perdermos nossa agência, perdemos a humildade que Deus requer* (Mq 6.8; Tg 4.10).

A humildade é essencial para um casamento duradouro. Uma aceitação humilde de nossa própria responsabilidade — uma consciência contínua de nossa culpabilidade como pecadores — nos faz suspeitar mais de nós mesmos e menos de nosso cônjuge, e nos ajuda a depender diariamente da maravilhosa graça e suficiência de Deus em vez de confiar em nós mesmos. Isso nos lembra de que não somos o Criador, mas criaturas. Não somos fortes, mas fracos. Não chegamos ao nosso destino; somos apenas peregrinos viajando em direção ao nosso lar eterno.

E quanto a você? A agência pessoal tem um lugar fixo em sua narrativa interna? Outra maneira de fazer essa pergunta seria: *Estou crescendo em humildade como cônjuge?* Aqui estão cinco perguntas úteis a serem feitas para autoavaliação. Pense nelas como um teste de humildade "caseiro".

1. *Como reajo quando meu cônjuge me critica e me corrige?* Há uma ligação vital entre como recebemos a correção e termos ou não sabedoria. O sábio diz: "repreende o sábio, e ele te amará" (Pv 9.8); "o sábio dá ouvidos aos conselhos" (Pv 12.15); "quem ama a disciplina ama o conhecimento, mas o que aborrece a repreensão é estúpido" (Pv 12.1).

    Essa é uma verdade muito dura, porque todo mundo odeia críticas, e ninguém mais do que eu. Um amigo recentemente me falou sobre algumas formas como posso melhorar. Isso me deu arrepios por duas razões. Em primeiro lugar, sugere impetuosamente que sou imperfeito. Dá para imaginar isso? E, em segundo lugar, confirma que sou responsável por minhas imperfeições.

    Dá para ver o que está acontecendo? Quando me irrito com a correção, estou demonstrando falta de humildade. E quanto a você?

    Seu cônjuge vê seu desejo de crescer em sabedoria quando ele lhe faz comentários ou críticas? Você é conhecido entre seus parentes ou amigos por receber correção humildemente, ou as pessoas consideram você duro e reativo quando essas críticas apropriadas surgem em seu caminho?

2. *Como reajo quando meu cônjuge peca contra mim?* Isto é, quando os lados se invertem. Se você é casado, é

inevitável. Em algum momento, você estará recebendo o efeito do pecado de seu cônjuge. Aqui está uma coisa que aprendi no casamento: como reajo quando pecam contra mim — ou quando penso que pecaram contra mim — revela minha verdadeira compreensão do evangelho.

Você tende a retaliar ou se dá permissão especial para agir com ira e cinismo em relação ao seu cônjuge quando ele peca contra você? Todos nós podemos nos identificar com essas tentações, mas estou falando sobre suas ações. Examine-se e lembre-se de como Cristo nos respondeu quando agimos como seus inimigos (Rm 5.10). Ele demonstrou amor humilde e perseverante. Nunca se esqueça: "Deus prova o seu próprio amor para conosco pelo fato de ter Cristo morrido por nós, sendo nós ainda pecadores" (Rm 5.8).

3. *Como descrevo meus maiores obstáculos internos? Tenho a tendência de usar palavras que reconhecem minha responsabilidade pessoal quando peco ou quando desvio e desloco a culpa?* Esta é a nossa inclinação para criar um mundo amoral e suave. Temos a tendência de apresentar uma existência em que, quando nos descrevemos, não precisamos realmente de um Salvador — apenas de autoaperfeiçoamento ou autocompreensão. Mas isso sequestra nossa capacidade de participar dos benefícios do evangelho. Como Jerry Bridges diz: "Para nos beneficiarmos do evangelho todos os dias, então, devemos reconhecer que ainda somos pecadores".[7]

---

7 Jerry Bridges, The discipline of grace: God's role and our role in the pursuit of holiness (Colorado Springs: NavPress, 2006), p. 22.

Você é semelhante a mim? Se fico com raiva de alguma coisa, prefiro evitar palavras bíblicas como *ira* e *amargura*, porque estão carregadas de carga moral que fere. Prefiro mencionar, de passagem, que estava me sentindo *mal-humorado, incomodado, irritado, frustrado* ou *sensível*. Na verdade, talvez eu ache que acordei *estressado, provocado, tenso, nervoso, aborrecido* ou *impaciente*. Você sabe como é. Essas palavras funcionam para descrever, mas têm pouco impacto moral.

O Filho de Deus não derramou seu sangue porque sou rabugento ou nervoso. Ele morreu porque sou um rebelde egoísta e raivoso.

4. *Quando percebo o pecado, eu corro para Cristo?* "Porque, assim como, em Adão, todos morrem, assim também todos serão vivificados em Cristo" (1Co 15.22). Cristo veio como o Último Adão (1Co 15.45-48), obedecendo à lei de Deus em todas as coisas e em todos os momentos, ao passo que o primeiro Adão foi incapaz de obedecer a uma restrição simples. O registro da obediência perfeita de Cristo tornou-se então o saldo de justiça que nos foi creditado (Rm 4.23-25). Isso significa que, quando pecamos, não precisamos proteger com orgulho a ilusão de nossa perfeição ou expiar nossos pecados fazendo boas obras.

O Último Adão sussurrou: "Está consumado", no momento de sua morte, para que pudéssemos viver uma vida abundante e desfrutar um casamento abundante até que voltemos para casa a fim de estar com ele. Pessoas humildes correm para o Salvador nesta vida para que possam celebrar sua glória na próxima (1Pe 4.13).

5. *Estou cada vez mais maravilhado com a graça?* Paulo escreveu à igreja romana: "estou pronto a anunciar o evangelho também a vós outros" (Rm 1.15). A implicação é profunda. As boas-novas não são apenas para os incrédulos, mas para aqueles que já fazem parte de uma igreja próspera. O evangelho não é apenas a maneira pela qual começamos a vida cristã; é como crescemos como cristãos. É fácil perdermos de vista essa verdade simples. Responder ao evangelho com fé nos dá um novo coração com novos desejos de honrar a Deus, nos arrepender dos pecados, amar nosso cônjuge e nos humilhar diante dele.

Portanto, pergunte a si mesmo: *Sou capaz de ver minha necessidade diária do amor de Cristo e da renovação do evangelho? Estou maravilhado com a suficiência de Cristo para me amparar exatamente onde estou sofrendo e lutando? Estou crescendo na consciência de como o evangelho se aplica aos meus pecados específicos? Estou me aproximando de meu cônjuge para confessar esses pecados? Estou expressando gratidão a Deus por seu incrível perdão e poder?*

O PLACAR DA SUA ALMA
Como você se saiu?

Eis a questão. Como casais, temos que decidir qual Adão seguiremos. Em um momento decisivo de sua vida, o primeiro Adão só podia ver a si mesmo como vítima do pecado. Mas ser vítima do pecado geralmente não é o maior problema que encontramos a cada semana. Desde a Queda catastrófica no

Éden, o maior problema tem sido a forma como transferimos responsabilidades. O primeiro Adão perdeu sua agência; o Último Adão, embora inocente, assumiu a culpa por todos os que invocam seu nome. Se esse pensamento o constrange, sua pontuação no teste pode estar melhorando.

O caminho da humildade está aberto a todo marido e mulher que estejam dispostos a ver e admitir sua necessidade desesperada da graça. Ser responsável perante Deus é a dolorosa precondição para ser perdoado por Deus. Essa é uma verdade que eu conhecia quando comecei, mas gostaria de tê-la conhecido mais profundamente e no nível da experiência. Com o passar dos anos, aprendi que aceitar a culpa, na verdade, fortalece meu casamento. Porque Cristo carregou a minha a culpa e minha condição está segura nele, posso aceitar a culpa por meu pecado e experimentar a alegria do perdão.

Experimentar o perdão de Deus e estendê-lo ao seu cônjuge fortalecerá seu casamento com graça para ir mais longe. Veremos esse padrão ao longo deste livro. Repetidamente, Deus confirma suas promessas para aqueles que aceitam sua responsabilidade e reconhecem sua necessidade do Salvador. Ele fortalece aqueles que reconhecem suas fraquezas e admitem seus pecados. Você aceitará a responsabilidade e levará suas faltas a Cristo continuamente? Percorrerá esse caminho até ele?

Eu quero trilhar esse caminho. Se você também quer, observe o quadro da próxima página para explorar mais a fundo os pecados mais devastadores por trás dos casamentos em ruínas. Então, no próximo capítulo, examinaremos mais de perto outro momento decisivo em que a graça de Deus torna cada ano de casamento ainda mais doce.

MOMENTO DECISIVO 2: O MOMENTO DA CULPA

A lista de pecados que nos fazem tropeçar é grade demais para contar, mas há uma questão fundamental que está no cerne de cada casamento miserável e de cada divórcio devastador desde o início dos tempos.

	O MOMENTO	NOSSA RESPOSTA
A decisão pela verdade	Meu ponto de partida para os problemas em nosso casamento será culpar meu cônjuge?	*Ou* aceitarei humildemente a culpa quando souber que estou errado?
O custo exigido	Vou perseguir meu cônjuge naquilo em que ele pode ter contribuído para o problema?	*Ou* buscarei, com humildade, minha própria contribuição e aceitarei minha responsabilidade pelo pecado?
A oportunidade de exaltar a Deus	Eu me submeterei à mentira de que sou uma vítima das decisões de Deus?	*Ou* posso ver que o pecado preparou o cenário para a vida, morte e ressurreição do Salvador? Estou admirado com a suficiência de Cristo para me alcançar exatamente onde estou lutando?
Como isso edifica a alma	Fico irritado com a correção? Tenho a tendência de retaliar ou me dar permissão especial para responder ao meu cônjuge com ira e cinismo quando ele peca contra mim?	*Ou* considero o que está sendo dito, aceito humildemente a repreensão e me lembro de como Cristo me respondeu quando agi como seu inimigo (Rm 5.10)?
Como isso define nosso destino	Quando peco, protejo ativamente a ilusão de minha perfeição ou tento expiar meu pecado fazendo boas obras?	*Ou* corro para o Salvador nesta vida para poder celebrar sua glória na próxima (1Pe 4.13)?

CAPÍTULO 4

Momento decisivo 3:
O momento da fraqueza

Um raio de luz do sol poente encontrou a taça de vinho, feita de cristal, na mão de Elisa. Um arco-íris se espalhou pela mesa. Repousar naquele requintado restaurante cinco estrelas em seu décimo aniversário de casamento era um sonho que se tornou realidade. Ter uma mesa com vista para o mar ao pôr do sol parecia, bem, era como se o próprio céu houvesse telefonado antes para fazer a reserva. Carlos ergueu a taça para um brinde.

— Que as décadas restantes sejam mais fáceis do que a primeira!

Elisa ergueu sua taça para corresponder ao costume, um sorriso caloroso se espalhando em seu rosto.

— Casar é simplesmente a coisa mais difícil que já fiz — ela disse ironicamente —, mas eu me casaria com você novamente sem pestanejar. A *nós*!

O jantar estava delicioso. Eles conversaram sobre como se conheceram, o casamento e seus primeiros erros da vida conjugal.

— Eu me perguntava como seria o casamento depois dos primeiros dez anos — Elisa disse nostalgicamente.

— Com licença — veio uma voz por trás dela. Era o recepcionista que os acompanhara até a mesa antes. — Vocês são

Carlos e Elisa, comemorando seu décimo aniversário de casamento, certo?

Eles assentiram.

— Aqui estão dois presentes, deixados na recepção para vocês por um homem não identificado.

Carlos e Elisa olharam cuidadosamente para o recepcionista, depois um para o outro. Por fim, olharam para as duas pequenas caixas, idênticas em tamanho e embalagem, que repousavam desconcertantemente na ponta da mesa, um único cartão entre elas. No momento em que Carlos e Elisa ergueram os olhos para perguntar mais sobre quem trouxera esses presentes misteriosos, o recepcionista já havia saído.

— Aposto que é do escritório — disse Carlos. — Eles sabiam que estávamos comemorando nosso aniversário e provavelmente descobriram onde estávamos jantando. É uma forma de elogiar os melhores talentos. Um ato elegante.

— Meu pai também sabia — disse Elisa, esperançosa. — Pode ser dele.

Carlos pegou o cartão e o entregou a Elisa.

— Você faz as honras!

Elisa abriu o envelope e leu o cartão em voz alta:

> — *Para Elisa e Carlos: para torná-los fortes e fazer seu casamento durar muito! Com amor, Jesus.*

Carlos e Elisa apenas se entreolharam. Isso era uma piada? A suspeita deles rapidamente deu lugar à curiosidade. *Por que alguém lhes daria um presente assinado por Jesus? O que poderia ser? Como duas caixas poderiam ajudar seu casamento a se prolongar muito e se fortalecer?* Cada um deles pegou uma caixa e a abriu.

O que encontraram lá dentro foi um par de ramos de espinho, aparentemente bem afiados, cada um estranhamente personalizado para quem abriu a caixa. Carlos e Elisa rapidamente os colocaram de volta na mesa. Juntos, olhavam sem piscar para os dois espinhos acomodados em suas caixas como uma víbora adormecida — silenciosa, venenosa, perigosa.

Carlos pegou o bilhete e releu-o. "Para torná-los fortes e fazer seu casamento durar muito". Ele olhou para Elisa e disse:

– Afinal de contas, o que um espinho tem a ver com um casamento duradouro?

EM DEFESA DA FRAQUEZA

Paulo escreveu a epístola que chamamos de 2 Coríntios durante uma época de grande turbulência pessoal. Um grupo que ele chama de "superapóstolos" (11.5; 12.11) estava planejando um golpe na igreja de Corinto. A estratégia deles foi um ataque frontal. O objetivo era subverter Paulo e seduzir a igreja à liderança deles. Foi uma tomada hostil disfarçada com jargão espiritual.

Você já esteve em uma posição em que forças fora de seu controle estão enfraquecendo você ou alguém que você ama? Basta viver o suficiente e todos encontram superapóstolos. Eles aparecem em várias formas e em diversos tamanhos. Em um casamento, podem ser vozes sedutoras que tentam um cônjuge a se afastar da família. Para líderes, pode ser uma oposição inesperada que mina nossa credibilidade. Para pais, podem ser os amigos errados na hora errada para nossos filhos.

Paulo não conseguia abalar esses caras. Eles eram especuladores pré-internet, que atacavam a competência e a credibilidade de Paulo. Seu ataque estava longe de ser sutil. Na opinião deles, a presença da liderança de Paulo era desprezível (10.10) e sua pregação abaixo do padrão (11.4-6). Eles diziam que sua melhor liderança era vista apenas em suas cartas; diziam que Paulo era mais corajoso quando estava longe (10.2). Eles também acusaram Paulo de ensinar de forma gratuita, um escândalo nos tempos antigos, visto que a melhor medida do verdadeiro talento para o ensino eram preços altos (11.7). Se tudo isso ainda não provasse seus argumentos, esses falsos líderes afirmavam que Paulo não tinha experiências sobrenaturais, que muitas pessoas criam ser necessárias para validar sua verdadeira autoridade espiritual.

A principal acusação levantada contra Paulo pode ser resumida em três palavras simples: *Paulo é fraco!*

Assim, Paulo se encontra entre a cruz de seus críticos e a espada de seu povo, uma posição difícil para qualquer líder. Paulo deve se defender e prestar contas de seu ministério. A Segunda Carta aos Coríntios, nos capítulos 10 a 13, registra a defesa de Paulo, e é aqui que as coisas ficam interessantes:

> E, para que não me ensoberbecesse com a grandeza das revelações, foi-me posto um espinho na carne, mensageiro de Satanás, para me esbofetear, a fim de que não me exalte. Por causa disto, três vezes pedi ao Senhor que o afastasse de mim. Então, ele me disse: A minha graça te basta, porque o poder se aperfeiçoa na fraqueza. De boa vontade, pois, mais me gloriarei nas fraquezas, para que sobre

mim repouse o poder de Cristo. Pelo que sinto prazer nas fraquezas, nas injúrias, nas necessidades, nas perseguições, nas angústias, por amor de Cristo. Porque, quando sou fraco, então, é que sou forte. (12.7-10)

Paulo apresenta um paradoxo — uma aparente contradição — que parece totalmente sem sentido à primeira vista. Ele faz da fraqueza sua defesa. Seu argumento se desdobra da seguinte forma: "Você acha que sou fraco? Bem, eu tenho uma notícia maravilhosa para você. Sou mais fraco do que você jamais poderia imaginar. Sou gloriosamente fraco! Na verdade, quero me *gloriar* na minha fraqueza".

Como assim?

DEFININDO A FRAQUEZA

Como Paulo, somos fracos. Na verdade, *o casamento é a união de duas pessoas em uma jornada de descoberta de suas fraquezas*. O objetivo dessa admissão não é a aversão a si mesmo. Isso seria como dizer que a chave para a maturidade espiritual ou saúde conjugal é recitar a narrativa de nossas falhas para quem quiser ouvir. É algo diferente de autocrítica. Para entender por que Paulo usaria essa defesa misteriosa, devemos compreender o cerne sensacional de nossa fraqueza.

Em sua essência, a fraqueza é *uma experiência de incapacidade que requer dependência de Deus*. Experimentamos a incapacidade ou a fraqueza de pelo menos duas maneiras: incapacidade mortal e incapacidade diária.

INCAPACIDADE MORTAL

A fraqueza é uma realidade na vida e no casamento porque não somos Deus. Somos criaturas, não o Criador. Somos finitos e vivemos com limitações. Mas a questão não é apenas que somos limitados como criaturas e não somos tão inteligentes ou poderosos quanto Deus. Não, somos também caídos. Nós pecamos. Antes de Cristo, precisávamos de perdão; precisávamos nascer de novo. Sem Jesus, merecemos ira. Nosso problema é fatal. Estamos espiritualmente mortos, isto é, moralmente incapazes de fazer qualquer coisa para ajudar a nós mesmos. Somos fracos e precisamos desesperadamente da ajuda daquele que é consumadamente forte. Quando estávamos mortos, precisávamos de Jesus, o Salvador, para fazer por nós o que éramos incapazes de conquistar com nossas próprias forças. A Escritura confirma isso quando Paulo escreve: "estando nós mortos em nossos delitos, [Deus] nos deu vida juntamente com Cristo" (Ef 2.5).

Quando Paulo diz: "mas nós pregamos a Cristo crucificado, escândalo para os judeus, loucura para os gentios" (1Co 1.23), ele está nos lembrando de que a cruz é escândalo e loucura precisamente porque tornou a habilidade humana totalmente irrelevante na obra de salvação. Ela fez da *incapacidade mortal* o ponto de conexão para a graça. Você se lembra de quando veio para Cristo? Não éramos troféus da criação apresentados a Deus porque tínhamos uma vida lustrosa e merecíamos sua aprovação. Não, éramos antiguidades amassadas, deformadas e sem polimento, marcadas por uma vida de pecado e jogadas no porão. Quando se trata de bondade interior ou boas ações exteriores, éramos desesperadamente desqualificados para a autossalvação.

Troféus não precisam de um Salvador. Pecadores fracos precisam de um Salvador.

É por isso que as pessoas mais ricas e celebradas do mundo raramente encontram o caminho até Jesus. É difícil para pessoas abastadas e influentes aceitarem sua incapacidade mortal. O comentarista David Garland descreve desta forma:

> Deus escolheu os tolos porque os sábios pensaram que a cruz era pura tolice como um meio de salvar o mundo; os fracos porque os fortes pensaram que eram poderosos o suficiente sem Deus; e os pequenos e desprezados porque os grandes e poderosos não se interessaram em se rebaixar unindo-se a um Deus crucificado. Os tolos, fracos e desprezados, entretanto, respondem mais prontamente à vergonha da cruz porque eles próprios já estão envergonhados. Ao contrário dos poderosos, aqueles que são considerados tolos e fracos são suscetíveis de acolher o paradoxo da fraqueza divina que transmite força. Eles respondem mais prontamente à vergonha da cruz porque eles mesmos estão entre os envergonhados.[1]

INCAPACIDADE DIÁRIA

No entanto, a fraqueza não se limita apenas à salvação, como se, antes de Jesus, estivéssemos desesperados por Deus, mas, ao recebê-lo, nos convertêssemos em figuras com a força

---

[1] David E. Garland, 1 Corinthians, Baker Exegetical Commentary on the New Testament (Grand Rapids: Baker Academic, 2003), p. 76.

de super-heróis. Fraqueza também é *incapacidade diária* – as áreas de limitação, vulnerabilidade ou suscetibilidade que requerem confiança em Deus. A fraqueza representa aqueles momentos da vida em que somos lembrados de que não somos conquistadores regentes do reino exercendo onisciência, onipotência e onicompetência à vontade. Nem de longe!

Somos pessoas caídas e frágeis que esquecem os horários das reuniões, batem com o carro e deixam as portas e janelas de casa abertas para convidar todos os tipos de bichos e insetos a entrarem e morarem conosco. Você sabe do que estou falando. Gente que dorme demais, que come demais, que esquece de pagar as contas e que diz: "Que cheiro de estragado é esse?". Somos fracos!

Nossa fragilidade também é bastante personalizada. Pense em seu casamento. No nosso caso, Kimm tem um problema no joelho, e eu viajo com um travesseiro para as costas, cortesia da artrite lombar. Pense além de sua família, pense no mundo. As pessoas têm aflições — físicas, emocionais ou mentais — estampadas em si de forma particular. O primeiro presidente dos Estados Unidos, George Washington, teve alguns problemas dentários graves e perdeu todos os dentes; Winston Churchill tinha um problema cardíaco que rompeu uma coronária durante uma visita à Casa Branca; Madre Teresa tinha problemas pulmonares e renais; Abraham Lincoln lutou contra a depressão. Cada um de nós tem incapacidades e problemas de saúde distintos que parecem vir de fábrica em nossa estrutura.

Ainda assim, de maneira misteriosa e notável, nossa fraqueza — nossa incapacidade diária — torna-se um canal para o movimento de Deus. Em vez de nos condenar por nossa incapacidade, Deus escolheu fazer de nossa fraqueza o lugar onde sua força prevaleceria. Como John Stott observou certa vez: "O poder de Deus opera melhor na fraqueza humana".[2]

O PROPÓSITO DE DEUS NOS ESPINHOS

Lembra dos estranhos presentes de bodas de Carlos e Elisa? O apóstolo Paulo recebeu um presente semelhante. Foi assim que ele aprendeu a lição paradoxal de que Deus canaliza seu poder por meio de nossa fraqueza. A defesa de Paulo dá uma guinada extraordinária em 2 Coríntios 12. Para esses superapóstolos autoconfiantes, marqueteiros e amantes do mundo, Paulo começa a relatar uma experiência sobrenatural. "Conheço um homem...", Paulo começa (12.2). Imediatamente, vemos que essa história será diferente dos contos dos críticos de Paulo. Ele está relutante em obter reconhecimento ou credibilidade de suas experiências espirituais, então se apresenta anonimamente. Seu raciocínio é bastante direto: "abstenho-me [de me gloriar] para que ninguém se preocupe comigo mais do que em mim vê ou de mim ouve" (12.6).

Se está sempre à procura de um autoteste rápido de quão "paulino" você está, pergunte-se: "Fico preocupado quando as pessoas me dão pouca importância ou quando me dão importância demais?". Paulo sempre se preocupou com a última opção. E você?

Paulo continua: "e sei que o tal homem (se no corpo ou fora do corpo, não sei, Deus o sabe) foi arrebatado ao paraíso e ouviu palavras inefáveis, as quais não é lícito ao homem referir" (12.3,4). Paulo foi arrebatado ao terceiro céu, onde ouviu

---

2 John Stott, Basic Christian leadership: biblical models of church, Gospel and ministry (Downers Grove, IL: InterVarsity, 2002), p. 38.

coisas inexprimíveis. E, para evitar que se exaltasse ou ficasse excessivamente orgulhoso, Paulo recebeu um espinho.

Especula-se muito sobre a natureza exata desse espinho. Alguns comentaristas sugerem que foi uma doença, outros dizem que foi perseguição e ainda outros, que era uma aflição física, como um problema nos olhos ou uma deficiência na fala. Realmente não sabemos. Mas sabemos o bastante. Sabemos, por exemplo, que esse espinho se tornou uma aflição substancial. Por que outra razão um cara que sofreu o horror de trinta e nove açoites em cinco ocasiões diferentes, que foi espancado com varas três vezes e que uma vez foi apedrejado (2Co 11.24,25) precisaria apelar persistentemente a Deus por libertação desse mal? Paulo nos diz que implorou ao Senhor três vezes para que esse mal o deixasse (12.7).

O que quer que fosse esse espinho, perfurou Paulo profundamente. O espinho foi feito sob medida para Paulo.

Mas veja mais de perto o versículo 7. Quando Paulo diz: "foi-me posto um espinho na carne" (2Co 12.7), a maioria dos comentaristas concorda que quem colocou o espinho foi Deus. É por isso que os espinhos para Carlos e Elisa na minha parábola acima vieram sob medida e de Jesus. Por um lado, isso faz sentido, não é? Por que o pecado ou Satanás desejariam impedir que Paulo fosse muito vaidoso? Não desejariam. Não, o próprio Deus cravou esse espinho na carne de Paulo. Deus usou uma aflição personalizada — uma que não iria embora — para conter Paulo e mantê-lo com os pés no chão. Isso o tornou fraco, desesperadamente fraco. E essa fraqueza o direcionou de volta para Deus.

Entretanto, o versículo 7 diz mais. O espinho também era "mensageiro de Satanás, para [...] esbofetear" Paulo. De alguma forma, o espinho era obra do diabo e foi ordenado por Deus. Em outras palavras, Deus usou Satanás para proteger Paulo do orgulho. Reflita sobre isso. É impressionante. Jesus usou o diabo para produzir piedade em Paulo.

Reflita sobre isso da próxima vez que ganhar um espinho no seu aniversário de casamento. Pense nisso da próxima vez que sentir que seu casamento está sendo atacado pelo inimigo. Pode ser que Deus tenha desenhado essa fraqueza para o seu casamento a fim de torná-lo mais desesperado por Deus. Pode ser que seu cônjuge esteja doente ou você tenha um filho que foi diagnosticado com deficiência. Pode ser que sua família tenha um ou dois filhos a mais do que seu orçamento pode suportar. Pode ser um espinho financeiro — uma parte de sua renda sai direto para pagar empréstimos estudantis, pensão alimentícia, impostos atrasados ou contas médicas. Pode ser que as experiências sexuais passadas estejam criando complicações sexuais presentes em seu casamento.

Seja o que for, não tente maquiar a situação. Paulo não teve medo de reconhecer seu espinho como um mensageiro do maligno. Mas, como na coroa de espinhos cravada na cabeça de Cristo, Paulo viu que Deus tinha um propósito bom e glorioso por trás da dor.

Na parábola que contei no início do capítulo, Carlos fez uma pergunta compreensível: "Afinal de contas, o que um espinho tem a ver com um casamento duradouro?".

Paulo nos ajuda a começar a ver a resposta. Os espinhos produzem fraqueza. E a fraqueza construída com espinhos cria os frutos necessários para que os casamentos perdurem; fruto obtido de nenhuma outra maneira senão pela dor de cortar na carne.

ESPINHOS CARREGAM UMA PROMESSA

Deus não envia espinhos para causar dor aleatoriamente. A fraqueza em si não é uma virtude para Deus. E, embora Deus use espinhos para nos ajudar a depender mais dele, esse não é o seu único propósito. Deus também usa espinhos para nos conectar com sua força. A fraqueza é o lugar onde encontramos Deus em nossa incapacidade e descobrimos seu poder extraordinário.

"Deus me deu três bebês maravilhosos, e eles são incrivelmente preciosos." Eliane disse essas palavras com os olhos cheios de lágrimas. "Mas o peso que ganhei com os bebês! Onze quilos malditos que parecem desafiar todos os exercícios e dietas que eu tento. Isso faz com que me sinta feia e indisciplinada... e nossa vida sexual está no respirador, lutando para sobreviver!"

Eliane nunca imaginou os danos colaterais envolvidos em engravidar três vezes. Tudo esticou, mas a elasticidade se foi. Ela odiava cada grama de peso que ganhou. Ficar nua e esquecer seu sobrepeso o suficiente para desfrutar do sexo parecia outra vida. Seu corpo parecia um carro velho – alta quilometragem, muitos reparos e substancialmente maior do que os modelos mais novos.

No casamento, os espinhos não ferem apenas um lado. Nosso cônjuge pode ser perfurado, mas nós dois sangramos. O marido de Eliane tentou dizer que o peso não importava. Ele insistiu que ela ainda era bonita, sexy, desejável. Mas isso apenas a deixava mais frustrada. Eliane orou muitas vezes, mas nada mudou. Deus parecia estar dizendo não. O espinho de seu peso pressionava profundamente.

Lembre-se de que nossos espinhos não são produzidos em massa para venda no mercado. Eles são altamente personalizados, codificados com um propósito customizado para cada um de nós. E muitas vezes sentimos a presença do espinho, mas não sabemos o seu propósito.

Deus pode ter permitido o aumento de peso para reprimir a vaidade ou a idolatria de Eliane com sua aparência. Talvez Deus estivesse trabalhando para cultivar uma beleza interior enquanto o espinho a fazia sangrar. Talvez fosse sobre o casamento dela. Talvez houvesse lições de amor que Deus quisesse nutrir em Eliane e em seu marido, ensinando-lhes que, com o tempo, o sexo deveria ser menos sobre atração física e mais sobre estar juntos. Talvez Deus estivesse trabalhando para fazer com que seu marido se tornasse um homem que sabe como encorajar sua esposa mesmo quando ela odeia seu corpo.

O espinho de Paulo não veio com um propósito claramente discernido, mas, sim, com uma promessa: "A minha graça te basta, porque o poder se aperfeiçoa na fraqueza" (2Co 12.9). A graça vem para aqueles que redirecionam sua atenção daquilo que Deus nega (um propósito imediatamente discernível) para aquilo que Deus provê (uma promessa firme).

Por fim, o olhar de Eliane mudou, e o de seu marido também. Eles perceberam que estavam vivendo uma vida centrada nos espinhos, em vez de centrada na graça, e começaram a dar pequenos passos juntos. Com o passar das semanas, Eliane recebeu "graça suficiente" para mudar a maneira que ela se via. O poder para mudar sua perspectiva não foi avassalador, apenas suficiente. Com o tempo, sua preocupação com o corpo deu lugar a uma percepção crescente de onde Deus parecia estar trabalhando. Ela começou a ver o sexo como uma dádiva de Deus em todas as épocas, estejam os corpos ficando maiores ou menores. E aprendeu a ser grata. Apesar de não gostar de suas proporções, ela alcançou essas dimensões, em parte, por causa do milagre de três filhos.

Nessas manhãs sombrias depois de descer da balança, Eliane não conseguia ver que seu espinho carregava uma promessa transformadora. Ela agora vive mais confiante e esperançosa em uma mudança em seu casamento porque o poder de Deus está trabalhando em sua fraqueza. Na verdade, o espinho do peso de Eliane está ajudando-a a ver o mundo de maneira diferente.

ESPINHOS MUDAM NOSSO ORGULHO

Eu tenho uma confissão. Em nossos primeiros anos de casamento, eu me via como um presente de Deus para a instituição. Olhava ao redor e pensava: *Sabe, como uma marca, o casamento está sofrendo um sério golpe. É preciso um pouco de sangue novo, algum zelo inovador de uma nova geração de cristãos... caras exatamente como eu!* Imaginava as maneiras pelas quais Deus poderia usar nosso casamento: exaltando a sabedoria dos papéis bíblicos de gênero, estabelecendo um exemplo poderoso de piedade conjugal ou destacando minha esperteza na liderança. Iria brilhar nesse papel!

Mas o casamento não me fez brilhar; ele expôs a minha fraqueza. De maneira lamentável, confiei em minha própria força e no que essa força poderia produzir. Para evitar que eu me exaltasse com minhas qualidades, Deus me deu um espinho que frustrou minha liderança e trouxe minha autoavaliação de volta à realidade. O espinho era um trabalho para o qual eu estava igualmente subqualificado e presunçoso. Como era de se esperar, tornou-se a crise perfeita para revelar algumas fundações precárias em minha vida.

Meus objetivos incluíam conseguir uma promoção rápida, o elogio dos colegas, avanços inovadores, aumentos salariais impressionantes e status de executivo sênior. E isso seria apenas em meu primeiro ano! Olhando para trás, percebo que meu nível de impacto na organização foi bastante ordinário. Minha promoção rápida? Uma dúzia de chefes acima de mim poderia ter sido atropelada por um ônibus e mesmo assim eu não estaria na lista. Ademais, minha ignorância era épica. A curva de aprendizado em direção ao progresso real era do tamanho do Everest. Mas isso não me impediu de sonhar.

O que me faltava em experiência e autoconsciência, eu compensava com trabalho árduo e por longas horas. E então aconteceu.

– *Você esqueceu nosso aniversário de casamento.*

Fiquei sentado olhando para Kimm, tentando entender o que ela acabara de dizer.

– Lembra, nosso terceiro aniversário? Foi ontem – ela disse diretamente. – Você esqueceu. Mas não se preocupe, foi bem sem graça para mim também.

Meus olhos estavam cheios de lágrimas. Eu estava trabalhando tanto que perdi completamente a chegada e a partida daquele dia importante. *Nunca*, nem em um milhão de anos, eu me vi como o tipo de marido que esquece o aniversário. Não quando eu tentava dar conta de todas as frentes. Não quando eu estava produzindo minha melhor liderança na vida.

Mas aconteceu. Em minha ambição por excelência, deixei de priorizar nosso casamento. Fracassei em honrar minha esposa.

— Estou com tanta vergonha — sussurrei em meio às lágrimas. — Por favor, me perdoe.

— É claro que te perdoo — respondeu Kimm. — Você tem trabalhado como um louco. Vamos comemorar esta noite!

Meu espinho foi uma oportunidade que excedeu em muito minha capacidade. Então, Deus entregou em mãos um espinho que expôs minha autonomia, autoconfiança e autossuficiência. Sob o brilho ofuscante dessa trindade corrompida, perdi de vista uma prioridade muito maior do que meu trabalho. Olhar para um aniversário de casamento esquecido pelas lentes do perdão gracioso de minha esposa virou uma chave em minha mente. Não posso fazer tudo, dar conta de tudo ou lembrar de tudo. Eu não sou Deus; sou um vaso quebrado que precisa do toque do oleiro todos os dias. A ilusão de Dave como um marido consistentemente forte e atencioso teve que diminuir. Não sou onicompetente. Realmente, sou um homem fraco que precisa de um Salvador forte, por isso, "de boa vontade, [...] mais me gloriarei nas fraquezas, para que sobre mim repouse o poder de Cristo" (2Co 12.9).

A GRAÇA IMPROVÁVEL DO PODER INESPERADO

Os espinhos personalizados de Carlos e Elisa surgiram por meio de uma mudança inesperada de emprego e do impacto que isso teve em suas finanças. Carlos cresceu em uma família com uma mãe solteira que trabalhava em dois empregos para garantir que seus filhos tivessem comida e roupas. Quando

Carlos pediu Elisa em casamento, ele lhe disse que empenharia sua vida em garantir que sua família nunca passasse necessidade. Seus primeiros dez anos pareceram muito fáceis. O negócio de Carlos cresceu e Elisa trabalhava meio período quando desejava. Deus foi fiel e a carência que Carlos temia nunca chegou.

Ninguém viu a pancada chegando. Uma tecnologia emergente começou a tomar a parcela de mercado de Carlos. Em quatro meses, a receita caiu 33% e ameaçou a própria existência de sua empresa. Em um contra-ataque audacioso, Carlos pediu empréstimo usando sua casa como garantia e atualizou sua tecnologia para ficar à frente da curva. Mas já era tarde demais. Ele não conseguia acompanhar. A falência era a única opção.

Carlos nunca sonhou que a vida pudesse trazer esse tipo de pesadelo. Foi como se alguém acendesse uma dinamite e a jogasse no meio do mundo de Carlos e Elisa. Tudo em seu universo era forte: sua condição financeira, sua posição na comunidade, sua pontuação de crédito, suas conexões comerciais. Agora tudo estava arruinado. Carlos e Elisa, de repente, estavam cancelando cartões de crédito, suspendendo férias e tirando seus filhos da escola particular. Mesmo depois de medidas desesperadas, Carlos ainda não tinha certeza se conseguiria manter a casa.

Se Carlos e Elisa abrissem agora as caixas de seu décimo aniversário de casamento, teriam visto que os espinhos sumiram. Aquele que deu os presentes tirou-os das caixas e os cravou profundamente na carne deles. Eles ainda não perceberam, mas sua fraqueza recém-descoberta foi realmente um presente de Jesus. As pontas afiadas carregam um propósito divino, trabalhando misteriosamente para torná-los humildes, voltados para Deus e desesperados por Jesus.

Carlos e Elisa dificilmente seriam garotos-propaganda de uma fé inabalável. Havia mágoa, irritação, uma sutil transferência de culpa e mais do que alguns pedidos de ajuda em conflitos e impasses aos amigos da igreja. Às vezes, eles apenas se sentiam emocionalmente paralisados. Os sonhos pelos quais eles se sacrificaram agora desabaram, deixando destroços ao redor e por dentro. Às vezes, o fardo parecia quase insuportável. Eles nunca conheceram esse tipo de fraqueza.

Não obstante, quando Carlos e Elisa recorreram a Deus e a outras pessoas em busca de ajuda, eles também experimentaram a graça improvável de um poder inesperado. E experimentaram isso de duas maneiras: através do poder de se curvar e do poder da satisfação.

O PODER DE SE CURVAR

Onde está Deus quando seus maiores ativos se tornam seus maiores passivos? Para onde você corre quando algo que lhe trouxe entusiasmo e euforia se torna uma fonte de dor profunda, aguda e até insuportável? Grandes fardos aumentam nossa experiência da gravidade; pelo menos essa é a sensação. Curvamo-nos em direção ao chão. Uma cabeça antes inchada de realizações e exaltada pelo sucesso desmorona sob o peso de sua própria significância. Somos humilhados e nos curvamos.

Carlos sentiu isso. Ele desceu por esse caminho involuntariamente e com ondas repentinas de ansiedade. No entanto, ele não podia negar o paradoxo que estava acontecendo. Quanto mais Carlos se curvava, mais perto ele se sentia de Cristo.

E ele começou a enxergar as coisas de uma forma um pouco diferente. Carlos começou a ver que sua confiança arrogante em suas próprias habilidades não era a solução, mas o problema. Ele começou a se perguntar: "Por que preciso que todos me vejam como alguém muito bem-sucedido?".

Elisa também sabia que algo estava acontecendo. Carlos falava menos nos pequenos grupos, e seus comentários não continham a mesma bravata. Ele não estava mais se gabando de uma vida vitoriosa. Então, certo domingo, o pastor ensinou, a partir de 1 Coríntios, sobre o tipo de pessoa que Deus realmente usa: "Deus escolheu as coisas loucas do mundo para envergonhar os sábios e escolheu as coisas fracas do mundo para envergonhar as fortes" (1.27). Carlos ficou mais quieto do que o normal depois da igreja. Elisa suspeitou que o sermão atingira o alvo. No caminho para casa, Carlos disse:

– Sabe, isso pode parecer loucura, mas acho que nos humilhar era parte do plano de Deus. Talvez Deus tenha me salvado de depender apenas de mim mesmo.

Elisa sorriu, repousando a cabeça no recosto:

– Quem poderia imaginar que tivemos que cair até esse momento para aprender tanto?

O PODER DA SATISFAÇÃO

Como bisturis, os espinhos cortam profundamente. Há a incisão, o sangue e a dor latejante. As tentativas de extração causam feridas sensíveis, tudo graças à ponta afiada de um espinho. Depois vem a cura, e isso leva tempo. Para Carlos e Elisa, isso incluía aceitar a perda, juntar os cacos e encontrar fé para reconstruir lentamente.

Eles aprenderam a suportar o arrependimento, a rejeitar a vergonha e a se ajustar às novas realidades financeiras. Mas, à medida que eram fiéis em conversar, confessar, orar juntos e pedir ajuda, eles notaram uma mudança em como viam o que Deus já havia providenciado para eles. Quando a vida girava em torno da força, Carlos e Elisa raramente se contentavam com o que tinham. Se fossem honestos, diriam que, na verdade, era muito pior do que falta de contentamento. Eles se sentiam merecedores de uma certa qualidade de vida e viam as dificuldades e fraquezas como intrusões desnecessárias, coisas para suportar e das quais encontrar alívio o mais rápido possível. O casamento existia, em parte, para ajudar um ao outro a sobreviver aos momentos ruins, para que eles pudessem aproveitar os momentos bons.

O problema era que sua busca por satisfação nunca parecia encontrar seu objetivo. Na verdade, quanto mais velhos ficavam, mais altos seus padrões de satisfação se tornavam. Então veio o espinho, e o que os satisfazia nunca mais seria a mesma coisa.

O espinho os uniu. Carlos e Elisa nunca experimentaram uma divisão grave em seu casamento, mas também não haviam experimentado uma doce união. Seus mundos estavam isolados em suas respectivas responsabilidades, as quais eles lutavam bastante para manter. Cada membro da família conhecia suas respectivas posições no jogo, mas ninguém se sentia realmente como um time. Necessitar mais um do outro ajudou-os a se estimarem mais.

Mas não era só isso. Essa nova posição de fraqueza em que Carlos e Elisa se encontravam ajudou-os a ver os muitos presentes de Deus com mais clareza. E, à medida que aprendiam a confiar mais em seu Salvador do que em suas circunstâncias, passaram a temer menos as calamidades futuras. Uma fé mais profunda acendeu neles uma apreciação mais completa de sua experiência de salvação. Eles aprenderam a viver satisfeitos hoje – não por terem tudo o que desejam, mas porque em Cristo receberam mais do que merecem.

Carlos e Elisa começaram a ver que suas circunstâncias não precisam mudar para terem satisfação na vida. Por causa das incríveis riquezas de Cristo, eles podem sentir "prazer nas fraquezas, nas injúrias, nas necessidades, nas perseguições, nas angústias", pois quando são fracos, então é que são fortes (2Co 12.10).

FRAQUEZA SIGNIFICA EMPATIA: JESUS NOS ENTENDE!

Você está experimentando o poder de Deus em meio aos seus espinhos? Ou está sendo vencido por provações e tentações? Talvez a história de Carlos e Elisa soe familiar. Talvez você já tenha até feito os convites para sua própria festa de autocomiseração. Uma coisa é falar sobre o poder que Deus oferece quando somos fracos. Outra coisa é experimentar esse poder.

Como acessamos a força de Deus quando somos fracos?

Aqui estão as boas notícias. Em Hebreus 4.15, o autor escreve: "Porque não temos sumo sacerdote que não possa compadecer-se das nossas fraquezas; antes, foi ele tentado em todas as coisas, à nossa semelhança, mas sem pecado". Temos acesso ao poder de Deus por meio daquele que entende os nossos espinhos. O sumo sacerdote que temos é Jesus Cristo, vindo do céu para se tornar o sacrifício e o mediador em favor de seu povo.

Não passe correndo por esse versículo. Faça uma pausa e medite nele. Como nosso sumo sacerdote, Jesus não é rigidamente religioso, gigantemente julgador ou perigosamente desconectado da vida real. Jesus não é nenhum fariseu, revirando os olhos quando falhamos, tolerando-nos exteriormente, mas interiormente insultando nossas fraquezas. Não, Jesus realmente se identifica conosco onde somos fracos.

Jesus sabe que você é fraco e *o* compreende. Ele não apenas escuta bem. Ele se identifica. Ele entende as verdadeiras frustrações que você encontra. Como um amoroso sumo sacerdote, ele sente empatia por você em relação às áreas em que sofre. E ele não se compadece como um estranho. Ele não é o cara que leu um livro sobre fraqueza ou rapidamente pesquisou no Google para poder conversar sobre o assunto. Não, o Salvador conhece você em um nível experimental. Como nosso sumo sacerdote perfeito, Jesus "foi tentado em todas as coisas, à nossa semelhança".

Que momentos decisivos de fraqueza você está enfrentando agora? Uma semana difícil de luta contra a lascívia? Jesus entende. Ele conhece a tentação. Lutando com ressentimentos por ter sido maltratado de alguma maneira? Jesus entende. Ele foi constantemente aviltado pelas pessoas e lutou contra a tentação do ressentimento. Preocupado com o trabalho? Sofrendo com as finanças? Sentindo-se esquecido? Jesus conhece tudo isso. Tentado a jogar a toalha, a desistir de seu papel de marido ou esposa? Tentado a dizer que você não foi feito para isso? Jesus entende isso também. Sobre as tentações de Cristo, Raymond Brown escreve:

Ninguém na terra, antes ou depois, passou por tamanha desolação espiritual e angústia humana. Por essa razão, ele pode nos ajudar em nossos momentos de tentação. Ele está ciente de nossas necessidades porque experimentou ao máximo as pressões e os testes da vida neste mundo sem Deus.[3]

Lembre-se sempre: Jesus sabe como um mundo caído afeta você, como as tentações competem pela supremacia em sua alma. Jesus entende a vergonha — o sentimento desmoralizante que acompanha a batalha entre o que você sente e quem você foi chamado para ser.

Jesus entende e se identifica conosco. Ele escreveu nossa história. E daquele lugar de conhecimento perfeito, mergulhando até o nosso DNA, ele faz este convite transformador de vida: "Acheguemo-nos, portanto, confiadamente, junto ao trono da graça, a fim de recebermos misericórdia e acharmos graça para socorro em ocasião oportuna" (Hb 4.16).

Você é fraco? Seu casamento está sofrendo gravemente? Você precisa de poder quando está enfrentando espinhos? Aproxime-se, diz Jesus, e na fenda da fraqueza você encontrará seu poder.

Para torná-los fortes e fazer seu casamento durar muito!

---

[3] Raymond Brown, The message of Hebrews, The Bible Speaks Today (Downers Grove, IL: InterVarsity, 1982), p. 92.

MOMENTO DECISIVO 3: O MOMENTO DE FRAQUEZA

Somos fracos. Na verdade, o casamento é a união de duas pessoas em uma jornada de descoberta de suas fraquezas. Mas Deus envia a fraqueza para o nosso bem. A fraqueza construída pelos espinhos cria os frutos necessários para que os casamentos durem.

	O MOMENTO	NOSSA RESPOSTA
A decisão pela verdade	Quando encontrar minha fraqueza e incapacidade, persistirei na mágoa, irritação e transferência de culpa?	*Ou* verei os espinhos da vida como presentes de Jesus?
O custo exigido	Persistirei na autonomia, autoconfiança e autossuficiência, apesar da fraqueza que o casamento expõe?	*Ou* crerei que Deus preparou sob medida uma fraqueza para nosso casamento a fim de nos tornar mais dependentes dele?
A oportunidade de exaltar a Deus	Estou preocupado porque as pessoas me dão pouca importância?	*Ou* estou preocupado porque as pessoas dão importância demais para mim e muito pouca para Jesus?
Como isso edifica a alma	Colocarei minha atenção e meus afetos naquilo que Deus negou — um propósito imediatamente perceptível nessa fraqueza?	*Ou* vou mudar meu olhar para o que ele provê — uma promessa firme de que, quando sou fraco, ele é forte?
Como isso define nosso destino	Deixarei de ficar satisfeito com a vida a menos que minhas circunstâncias mudem?	*Ou* crerei que em Cristo já recebi mais do que mereço? Encontrarei nele — e na força que ele dá — o segredo para estar contente (Fp 4.12,13)?

Parte 2
PERMANECENDO JUNTOS

CAPÍTULO 5

MOMENTO DECISIVO 4:
QUANDO VOCÊ PERCEBE QUE A FAMÍLIA NÃO SUBSTITUI A IGREJA

Não sei ao certo quando percebi isso pela primeira vez. Acho que foi há cerca de oito anos. No começo, eu pensei que era só comigo. Então comecei a prestar mais atenção. Eu vasculhei a internet. Com certeza, era verdade: *a frequência com que os cristãos vão à igreja caiu de três vezes por mês para duas vezes por mês.*

Bem, eu reconheço que isso dificilmente se qualifica como uma descoberta. Não é nada como Newton observando maçãs caindo e descobrindo a gravidade. Entretanto, se você pensar a respeito, Newton percebeu o que já estava lá. Ele só começou a pensar sobre por que isso acontece. É isso que quero fazer neste capítulo. Vamos pensar sobre "a maçã cadente" da frequência à igreja nos dias atuais e falar sobre o que isso realmente significa.

Contudo, antes de pularmos para o motivo do declínio na frequência à igreja, gostaria de levantar uma questão óbvia. Por que estamos falando sobre frequência à igreja em um livro sobre casamento? Isso é fácil de explicar. O declínio da frequência à igreja é apenas um sintoma de um problema mais profundo. O problema mais profundo é que nossas unidades familiares, com todas as suas expectativas e seus compromissos de fim de semana, estão sendo cada vez mais priorizadas em detrimento de reunir-se com o povo de Deus.

Você acha que isso ajuda ou assombra o casamento? Para mim, a resposta tornou-se um momento decisivo.

Fui criado como um presbiteriano passivo. Alguns de vocês podem ter desfrutado de experiências em igrejas mais avivadas ou até mesmo com um pouco de entusiasmo. Mas minhas raízes eram de presbiterianos holandeses e do Leste Europeu, todos vindos de linhagens centenárias de gente com as mãos presas nos bolsos. Se alguém levantava o braço, provavelmente significava que estava sendo roubado. Estou falando sério, a única vez que a emoção vinha à tona era no "amém" final. Ele significava que o culto acabara e os braços de todos estavam liberados para esvaziar as panelas de caldo no salão de comunhão.

Enquanto eu crescia nesse contexto, a questão de qual instituição tinha prioridade — a família ou a igreja — era irrelevante. A igreja era algo apenas ocasional, mas sempre íamos nos feriados para não perder aquela bênção que Deus oferecia a cada Páscoa e Natal.

Eu fui convertido na faculdade, casei-me e entrei para uma igreja onde envolvimento significava vivermos juntos em comunidade. Adorávamos ir à igreja no domingo porque esperávamos ver amigos, ouvir pregações, desfrutar do culto e aprender como construir nosso novo casamento. A igreja se tornou uma prioridade em nossas vidas e nós amamos isso. Ir só duas vezes por mês seria como sair de um jogo do Pittsburgh Steelers no intervalo para fazer algo com nossa família. Claro, a família é importante, mas você simplesmente não abandona os Steelers!

Para ser justo, e também apropriadamente cauteloso, o declínio na frequência à igreja para duas vezes por mês não é a única maneira pela qual o compromisso com a igreja diminuiu. A ascensão da pregação na internet, o crescimento da espiritualidade autodirigida, critérios mais baixos para filiação e compromisso, além de culturas eclesiais não relacionais também devem ser citados. Mas há uma razão específica para destacar essa nova tendência cristã de elevar a família acima da igreja: o envolvimento significativo em uma igreja que prega o evangelho está diretamente ligado a ter um casamento duradouro. Além disso, essa questão de se as famílias devem ser priorizadas em lugar da reunião com o povo de Deus não é meramente um duelo entre os defensores da família em primeiro lugar e os líderes das igrejas tentando reconquistar sua participação no mercado. Não, o próprio Jesus leva adiante o dilema. Ele falou à sua cultura, na qual a primazia da família, muito semelhante à minha educação reformada formal, reinava indiscutivelmente.

O QUE DEUS PENSA SOBRE A FAMÍLIA

Antes de dar uma olhada nas palavras de Jesus, precisamos entender o contexto bíblico em que ele as falou. Não é que simplesmente aconteceu de Israel ser aleatoriamente pró-família nos tempos do Novo Testamento. Eles tiraram essa ideia do próprio Deus.

Deus ama as famílias. A família foi ideia dele. Maridos, esposas, casamentos, filhos, o conjunto todo; tudo brota do amor e da bênção de nosso Criador. Deus leva a família tão a sério que instituiu "Honra teu pai e tua mãe" como o quinto dos Dez Mandamentos (Êx 20.12) e ordenou fidelidade entre maridos e esposas no sétimo (Êx 20.14). Salomão nos diz: "Herança do Senhor são os filhos; o fruto do ventre, seu galardão" (Sl 127.3). Paulo diz a Timóteo que, "se alguém não tem cuidado dos seus e especialmente dos da própria casa, tem negado a fé e é pior do que o descrente" (1Tm 5.8).

Deus não é simplesmente pró-família. Ele inventou a família e lhe deu sua maior bênção.

Então vem Jesus e complica as coisas:

> Não penseis que vim trazer paz à terra; não vim trazer paz, mas espada. Pois vim *causar divisão entre o homem e seu pai; entre a filha e sua mãe e entre a nora e sua sogra.* Assim, os inimigos do homem serão os da sua própria casa. Quem ama seu pai ou sua mãe mais do que a mim não é digno de mim; quem ama seu filho ou sua filha mais do que a mim não é digno de mim; e quem não toma a sua cruz e vem após mim não é digno de mim. Quem acha a sua vida perdê-la-á; quem, todavia, perde a vida por minha causa achá-la-á.
> (Mt 10.34-39, ênfase do autor)

Jesus nos diz que parte de sua missão é trazer divisão nas famílias. Como isso é possível? Jesus está em conflito com o Pai?

Dois capítulos adiante no Evangelho de Mateus, lemos um relato que ajuda a ilustrar o que Jesus quis dizer com suas duras palavras. O Salvador estava ensinando a um grande grupo de pessoas quando sua mãe e seus irmãos chegaram. Eles queriam falar com Jesus, mas não conseguiam se aproximar por causa da multidão. Alguém repassou o pedido até chegar em Jesus. No entanto, em vez de parar o que estava fazendo e adotar uma atitude do tipo "família primeiro", Jesus respondeu: "Quem é minha mãe e quem são meus irmãos? E, estendendo a mão para os discípulos, disse: Eis minha mãe e meus irmãos. Porque qualquer que fizer a vontade de meu Pai celeste, esse é meu irmão, [minha] irmã e mãe" (Mt 12.48-50). Jesus nos mostra que sua família de discípulos tem prioridade até mesmo sobre sua própria mãe!

Você já deve estar pensando em maneiras de amenizar ou resolver o registro de Mateus. Mas, antes de fazer isso, observe como Jesus aumenta a aposta no Evangelho de Lucas: "Se alguém vem a mim e não *odeia seu pai, e mãe, e esposa, e filhos, e irmãos, e irmãs*, sim, e até mesmo sua própria vida, não pode ser meu discípulo" (Lc 14.26, ESV; ênfase do autor). Só podemos imaginar como foi isso para os parentes. Um autor escreveu:

> Embora chocante para nós, o significado da declaração de Jesus em Lucas deve ter sido especialmente desafiador para seu público do primeiro século. A sociedade mediterrânea antiga era uma forte cultura de grupo. A saúde e a sobrevivência do grupo tinham prioridade sobre as metas e desejos dos membros individuais. A lealdade à família constituía a virtude relacional mais importante para as pessoas no mundo do Novo Testamento.[1]

---

1 Joseph Hellerman, "Our priorities are off when family is more important than church", Christianity Today, de 4 ago. 2016, disponível em: https://www.christianitytoday.com/ct/2016/august-web-only/if-our-families-are-more-important-than-our-churches-we-nee.html, acesso em: 2 mar. 2021.

O mundo do Novo Testamento teria concordado com nossa cultura sobre os relacionamentos familiares biológicos e adotivos serem de vital importância nesta vida. Mas Jesus deixa bem claro que esses relacionamentos não devem ser nossa primeira prioridade.

NOSSA NOVA FAMÍLIA

Li recentemente que um autor cristão muito popular não vai mais à igreja. Quando questionado sobre como ele agora encontra intimidade com Deus, disse obter isso da construção de sua empresa. Para ele, a igreja de Deus é um conceito subjetivo que pode ser personalizado para se adequar ao seu estilo de vida. A igreja é privada e adaptável pessoalmente. Esse é um Cristianismo que apenas flerta com as Escrituras enquanto acaricia a cultura.

A igreja ocidental adora coisas particulares e pessoais. Temos estudo *pessoal* da Bíblia, evangelismo *pessoal* e oração *pessoal*, todos planejados para melhorar nosso relacionamento *pessoal* com Cristo. Nada disso está errado. De fato, muito disso é bastante útil. Mas nosso relacionamento pessoal com Cristo é apenas uma fatia da experiência cristã.[2]

---

2 Embora seja um livro datado, Gene A. Getz afirma o mesmo em seu clássico Praying for one another (Wheaton: Victor, 1982), p. 11. Ele escreve: "A marca registrada da civilização ocidental tem sido o individualismo grosseiro. Por causa de nossa filosofia de vida, estamos acostumados com os pronomes pessoais "eu", "meu" e "mim". Não fomos ensinados a pensar em termos de "nós" e "nosso". Consequentemente, individualizamos muitas referências à experiência comunitária no Novo Testamento, e, dessa forma, frequentemente enfatizando a oração pessoal. Os fatos são que há mais menções no livro de Atos e nas epístolas sobre oração comunitária, aprendizado comunitário da verdade bíblica, evangelismo comunitário, maturidade cristã e crescimento cristão comunitários do que sobre os aspectos pessoais dessas disciplinas cristãs."
Semelhantemente, o pastor John Onwuchekwa observa: "A oração é mencionada pelo menos vinte e uma vezes em Atos. [...] Essas orações são inerentemente

Uma tentação igualmente sutil para os cristãos é a ideia de que o tempo de qualidade com nossas famílias deve ser protegido a todo custo. Como os pais muitas vezes consideram que sua identidade está ligada ao sucesso dos filhos, cultivar as atividades extracurriculares deles — esportes, estudos e hobbies — começa a ter precedência sobre o amor à igreja. E, como somos regularmente encorajados a procurar nosso cônjuge como parte de nosso dever cristão (eu tenho incentivado você a ir nessa direção neste livro), lutamos para investir em nosso casamento mesmo quando isso, às vezes, significa falhar no amor ao nosso próximo ou no serviço à comunidade de crentes.

A Bíblia fala contra nosso individualismo e nossa mentalidade de priorizar a família. De fato, uma verdade chave ecoa pelos corredores de ambos os Testamentos: *nosso destino individual está inseparavelmente ligado à nossa identidade como parte do povo de Deus.*

Em um dos primeiros atos do plano de redenção de Deus, ele chamou Abrão para deixar sua casa e sua família e ir para o lugar que Deus mostraria. Por quê? Deus retirou Abrão de sua família de nascimento a fim de estabelecer um novo povo por meio dele — a família da fé (Gn 12; Rm 4). Ele tinha reservado para Abrão (mais tarde, Abraão) mais do que construir uma nação temporária; ele tinha uma nova cidade eterna em mente. Como nos diz o autor de Hebreus:

---

comunitárias. Sempre que a oração é mencionada, ela envolve outras pessoas de forma predominante". John Onwuchekwa, Prayer: how praying together shapes the church (Wheaton: Crossway, 2018), p. 95.

> Pela fé, Abraão, quando chamado, obedeceu, a fim de ir para um lugar que devia receber por herança; e partiu sem saber aonde ia. Pela fé, peregrinou na terra da promessa como em terra alheia, habitando em tendas com Isaque e Jacó, herdeiros com ele da mesma promessa; porque aguardava a cidade que tem fundamentos, da qual Deus é o arquiteto e edificador. (Hb 11.8-10)

Da mesma maneira que fez com Abraão, Deus está nos chamando para realidades eternas maiores. "Assim, já não sois estrangeiros e peregrinos", Paulo diz aos efésios, "mas concidadãos dos santos, e sois da família de Deus [...] no qual também vós juntamente estais sendo edificados para habitação de Deus no Espírito" (Ef 2.19,22). Aqui está a visão de Paulo: Cristo comprou indivíduos para serem membros da família de Deus. Nossa vida pessoal autônoma — e nossa vida terrena de família em primeiro lugar — terminou porque fomos adotados em uma nova família pelo poder unificador da nova aliança. Nossa independência deve ser trocada pela membresia na nova família de Deus.

Infelizmente, alguns crentes nunca abandonam sua fé privada e autodirigida. Como resultado, a ênfase na realização individual ou em satisfazer "apenas uma família" continua a ofuscar a identidade familiar da igreja. Se não for questionado, esse desequilíbrio cria crentes assimétricos que veem a igreja como apenas mais uma instituição para atender às necessidades imediatas de sua família – como um hospital ou uma escola local. Quando nos apegamos a esse tipo de independência radical, temos uma fé órfã — isto é, uma fé *sem a família eterna*.

NOSSA FAMÍLIA E A ETERNIDADE

Tudo bem, vou dizer algo agora e quero que você pense sobre isso. Você está pronto?

Toda a ideia de família, da maneira que a experimentamos na terra, é apenas temporária. Chegará o dia em que o conceito de família será transformado em um arranjo mais glorioso e satisfatório. Não permita que isso o deixe nervoso. O que nos espera é muito mais magnífico.

Um dia, os saduceus tentaram confundir Jesus com uma pergunta sobre o céu. Jesus respondeu: "Porque, na ressurreição, nem casam, nem se dão em casamento; são, porém, como os anjos no céu" (Mt 22.30). Jesus não está dizendo que porque o casamento não é eterno, é hora de jogá-lo no lixo. Não, ele está nos dizendo que algo ainda melhor nos aguarda. No céu, haverá um casamento glorioso entre Cristo e sua noiva, e esse casamento irá satisfazer e completar todos os desejos que temos em relação ao casamento nesta terra.

Na verdade, o casamento eterno entre Cristo e a igreja é exatamente o propósito pelo qual existe o casamento nesta vida. O casamento na terra é uma imagem dessa realidade eterna; ele reflete um propósito superior. Paulo explica: "Eis por que deixará o homem a seu pai e a sua mãe e se unirá à sua mulher, e se tornarão os dois uma só carne. Grande é este mistério, mas eu me refiro a Cristo e à igreja" (Ef 5.31,32).

Na glória, você experimentará um prazer que supera em muito o que você experimenta aqui e agora. Se seu cônjuge estiver lá, não é exagero pensar que você experimentará o deleite celestial em Cristo junto com seu cônjuge — aquele com quem você mais se deleitou nesta vida. Estar no céu com seu cônjuge não será glorioso porque você continua sendo seu par; estar no céu será glorioso porque juntos vocês contemplarão face a face aquele para quem seu casamento apontava.

Em Pittsburgh, onde cresci, existe um querido parque de diversões chamado Kennywood. Antigamente, placas amarelas de Kennywood ao redor da cidade apontavam na direção do que acreditávamos ser a melhor experiência de diversão — algodão doce, maçãs-do-amor, guloseimas deliciosas. Ah, e eu mencionei a montanha-russa que fazia seu coração parar e colocava para fora o doce que você acabou de engolir, direto nos trilhos? Vomitar em Kennywood era um rito de passagem, algo para se vangloriar na aula de inglês na segunda-feira.

As placas de Kennywood indicavam às pessoas a direção de nossos desejos profundos de prazer em um parque de diversões, mas as placas não eram a realidade. Imagine um pobre garoto sentado sob uma placa de Kennywood, pensando que onde ele estava sentado era só o que existia de Kennywood. Ele estaria muito equivocado, não acha? A placa, é claro, servia a outro propósito. Apontava para outra coisa — algo que encheria aquela criança de alegrias inesperadas.

Quando pecadores dizem "sim" nesta vida, eles se tornam placas que apontam para o relacionamento com o Noivo, Jesus Cristo. Quando chegarmos ao céu, as placas não serão mais necessárias. Elas apontam para algo mais incrível do que qualquer parque de diversões — o casamento entre Cristo e a igreja.

O que é verdade para o casamento é verdade para a família. As famílias terrenas serão absorvidas por uma realidade maior: o corpo de Cristo. Isso não quer dizer que nossos familiares crentes se tornarão estranhos na nova terra. "Eu o conheço? Você parece vagamente familiar. Éramos amigos no

Facebook?" Antes, como Rob Plummer escreve: "Se nossos filhos permanecerem ao nosso lado na eternidade, não será como nossos filhos, mas como nossos irmãos e irmãs redimidos pelo sangue".³

Não é que perderemos nossa antiga família, mas, sim, que ganharemos uma nova família — uma família eterna maior. Neste momento, a família serve a um propósito terreno. Mas chegará o dia em que ela será transformada em uma experiência gloriosa que será multiplicada e magnificada pela família maior à qual estamos unidos. Como Randy Alcorn disse: "Deus geralmente não substitui sua criação original, mas, quando o faz, ele a substitui por algo que é muito melhor, nunca pior".⁴

Muitas pessoas têm experiências horríveis com suas famílias. Se todo o conceito de família evoca imperfeição e dor, memórias que provocam profunda vergonha ou algo de que você teve que fugir, por favor, saiba que o que Deus está preparando para você não é simplesmente uma reedição da família. Em vez disso, é o que a família deveria ter sido o tempo todo — só que mais gloriosa. Sua próxima casa será liderada por um Pai perfeito e ocupada por novos irmãos e irmãs que se despiram das escamas do pecado. Há um futuro esperando por você, em que as memórias da dor passarão. Minha oração é que a ideia de ter sua família defeituosa sendo absorvida por uma nova família eclesial – mesmo nesta vida – seja uma boa notícia para você. E eu oro para que, ao caminhar em comunidade com o povo de

---

3 Robert L. Plummer, "Bring them up in the discipline and instruction of the Lord: family discipleship among the first Christians", em: Randy Stinson; Timothy Paul Jones, orgs., Trained in the fear of God: family ministry in theological, historical, and practical perspective (Grand Rapids: Kregel, 2011), p. 50.
4 Randy Alcorn, Heaven (Wheaton: Tyndale, 2004), p. 337.

Deus, você encontre esperança no Pai do amor, que anseia por um dia levá-lo para um novo lar onde você não conhecerá mais o sofrimento ou a dor.

NOSSAS PRIORIDADES FAMILIARES

"Ok, Dave. Você conquistou nossa atenção. Minha família precisa fazer da comunidade da igreja uma prioridade. Mas o que tudo isso significa para o meu casamento?" Essa é a pergunta certa. Deixe-me responder de três maneiras.

1. PARA QUE SEU CASAMENTO DURE, VOCÊ NÃO PODE ANDAR SOZINHO.

Onde você busca ajuda quando você e seu cônjuge estão em conflito? Aonde você vai quando ambos estão desanimados e precisam de oração? Ou nos momentos felizes, quando você tem uma noite livre e quer passá-la com outras pessoas?

Uma maneira pela qual o inimigo desfaz um casamento é isolando marido e mulher — um do outro e da comunidade cristã. É um padrão familiar com um final previsível. Marido e mulher estão travando um conflito por causa de algum assunto. Há pouco progresso, e a civilidade está diminuindo. Depois de um ou dois dias, alguém bate à porta. A vergonha chegou para informá-los de que os verdadeiros cristãos não agem dessa maneira, não lutam com esse problema, não dizem essas coisas nem vão para a cama zangados. A vergonha mente, é claro, nos empurrando para longe da comunidade da igreja, e não na direção dela. Somente gritos humildes por ajuda podem expulsar a vergonha e trazer esperança quando você estiver sofrendo.

Desde que a igreja começou no Pentecostes, ela existe para comunidade, cuidado, oração, missão e crescimento (At 2.42-47). Deus nos amou tanto que nos deu essa nova família para garantir que sejamos amados e servidos. Um dos grandes benefícios de fazer parte de uma igreja é que Deus usa a comunidade da igreja para proteger nosso casamento e ajudá-lo a crescer. Esse é um dos motivos pelos quais uma atitude indiferente em relação à frequência em ir à igreja é tão perigosa. Deus nunca quer que andemos sozinhos. Basta ouvir esta exortação: "Consideremo-nos também uns aos outros, para nos estimularmos ao amor e às boas obras. Não deixemos de congregar-nos, como é costume de alguns; antes, façamos admoestações e tanto mais quanto vedes que o Dia se aproxima" (Hb 10.24,25).

Encontrar-se para estimular o amor e as boas obras é uma parte importante da razão de nos reunirmos. Mas a próxima frase é incrível: "Não deixemos de congregar-nos, como é costume de alguns". É quase como se Deus tivesse inspirado essas palavras com o nosso contexto contemporâneo em mente. Deus nos ama mesmo conhecendo nossa propensão para nos desviar de nosso compromisso. Ele prevê a tentação e nos chama a evitá-la.

E quanto a você? Como você está em relação ao encontro com o povo de Deus? Você considera isso essencial para o futuro do seu casamento? Você faz da atitude de estar com o povo de Deus uma prioridade?

Às vezes, podemos negligenciar o povo de Deus de maneiras impensadas. Você pode comprar um barco ou uma segunda casa e, então, mover-se na direção de fazer dessas regalias uma prioridade no fim de semana. Logo se torna um hábito. No entanto, para que seu casamento dê certo — para que seja suprido com o que você precisa para ir até o fim —, você deve permanecer vitalmente envolvido na igreja local.

2. PARA QUE SEU CASAMENTO DURE, VOCÊ NÃO PODE IDOLATRAR A FAMÍLIA.

Deus criou o casamento para nosso conforto, nossa alegria e para a procriação, a fim de que, quando formos capazes, possamos ter filhos. Deus disse a Adão e Eva: "Sede fecundos, multiplicai-vos, enchei a terra e sujeitai-a" (Gn 1.28).

Eu seria muito desastrado se não reconhecesse que os filhos impõem um encargo compreensível sobre o casamento. Primeiro, eles chegam desesperadamente carentes. Então, entram na escola e ficamos extremamente ocupados. Depois, tornam-se adolescentes e ficam desesperadamente carentes novamente.

E isso sem mencionar como as crianças afetam nossa vida sexual. Quando um jovem casal sai em lua de mel, eles pensam: "Fazemos todo o sexo que queremos!". Então, sua vida sexual dá frutos e eles têm filhos pequenos. Logo o mantra deles é: "Conseguimos fazer sexo *quando temos energia*". Então, seus filhos se tornam adolescentes, e eles começam a lamentar: "Podemos fazer sexo *quando não estamos nos preocupando se eles estão fazendo sexo!*". Em seguida, vem o ninho vazio: "Podemos fazer sexo quando queremos, *mas já não queremos tanto*".

Deus criou a ideia de criar filhos, e, apesar de todas as dificuldades da paternidade, só esse fato já faz com que nossas famílias pareçam nobres ídolos. Esses ídolos bem-intencionados e travessos, tais como a família, são os mais difíceis de perceber. Desafiar esse ídolo é se apresentar como um oponente antifamília, antipatriota e incendiário daquilo que é mais sacrossanto em nosso modo de vida.

O desafio é que criar nossos filhos pode ser tão preocupante que não percebemos o impacto disso em nosso casamento até que seja tarde demais. Quando os filhos chegam, maridos e esposas podem lentamente se afastar. Nossas prioridades (corretamente, em alguns aspectos) movem-se em direção aos nossos filhos, e o que eles querem e precisam vira o centro das atenções. Se não tomarmos cuidado, nosso casamento pode se tornar um mero aparato para atender às necessidades de nossos filhos, uma parceria para mantê-los avançando.

Muito em breve, o solo de nosso casamento estará repleto de ervas daninhas de preocupações mundanas. Somos consumidos pelo que precisa acontecer com *nossos* filhos, e nossos pensamentos sobre o que Deus está fazendo pela família *dele* ficam completamente sufocados.

No início deste capítulo, mencionei como podemos deixar que as atividades extracurriculares de nossos filhos tenham prioridade sobre estar com o povo de Deus. Percebi que o envolvimento com esportes tem um impacto particular sobre o compromisso de uma família se reunir com a igreja. Jogos e treinos aos fins de semana são cada vez mais comuns hoje em dia. E, para atletas talentosos que participam das viagens do time, os jogos de fim de semana tiram a família de sua cidade natal e da igreja várias vezes a cada temporada.

Você já considerou que as escolhas que fazemos sobre o esporte comunicam aos nossos filhos o que é mais importante em nossas vidas?

Conheço pais que estabelecem limites e dizem não a qualquer atividade esportiva nas manhãs de domingo; seu objetivo é infundir em seus filhos uma visão da prioridade da Palavra de Deus e do povo de Deus sobre os esportes. Como John Piper observou certa vez: "Há um grande abismo entre o cristianismo que luta com a escolha: 'cultuar ao custo de prisão e morte', e o cristianismo que luta com a escolha: 'as crianças devem jogar futebol no domingo de manhã'".[5] Piper apropriadamente percebe nossa tendência perigosa de transformar nossos filhos e suas atividades em ídolos.

No entanto, há um perigo igual do outro lado do espectro, em pais que fazem ídolos de si mesmos e de sua liderança. Certamente, um pai piedoso deve oferecer liderança amorosa em seu lar. Mas existe algo como o patriarcado corrompido, quando homens irresponsáveis usam algumas passagens das Escrituras para liberar seu egoísmo e dominar suas esposas e filhos. Mesmo quando o patriarcado é "suave"[6] — o que significa que é temperado com gentileza — temo que ele enfatize a paternidade mais do que a fé.

As famílias que seguem essa doutrina muitas vezes acham que a vida é boa até que um dos filhos se torna rebelde. Só então é revelado onde eles depositaram sua esperança, e a vida desmorona porque tudo dependia do sucesso parental.

Não é de admirar que tantos divórcios ocorram depois que as crianças saem de casa. Seja por serem centrados na criança, serem patriarcais, seja apenas por tradicionalmente priorizarem a família, mães e pais tendem a dar tudo de si por

---

[5] John Piper, The hidden smile of God: the fruit of affliction in the lives of John Bunyan, William Cowper, and David Brainerd (Wheaton: Crossway, 2008), p. 164 [edição em português: O sorriso escondido de Deus, o fruto da aflição nas vidas de John Bunyan, William Cowper e David Brainerd (São Paulo: Shedd, 1999)].

[6] Isso às vezes acontece sob uma distorção do complementarismo, mas, em minha opinião, o complementarismo bíblico não requer a bagagem do patriarcado.

suas famílias. E, quando o fazem, não sobra nada para o casamento; ele foi sacrificado no altar do sucesso familiar.

Maridos e esposas, lembrem-se de que um dia seus filhos irão embora. Vivam hoje se preparando para esse dia. Não cancelem as noites românticas para passar tempo com a família. Mostrem a seus filhos que mamãe e papai são uma frente unida quando o conflito acontece. Nunca ataquem um ao outro na frente das crianças. E certifiquem-se, a cada momento, de que está claro que seu relacionamento com o outro — seu casamento — é mais importante.

Ah, e levem seus filhos à igreja também. Mais ainda, expliquem por que fazem isso. Desse modo, poderão incutir neles a verdade de que o casamento também não é um fim; é o povo de Deus que é eterno.[7]

Sonhe junto comigo, por um segundo, com o que acontece quando uma família está corretamente conectada a uma igreja local. Imagine a mudança transformadora e duradoura que pode acontecer quando crianças sentam-se diante da Palavra de Deus, veem adultos adorando o Salvador, vivenciam uma história com uma comunidade de fé, testemunham seus amigos serem transformados por Deus e observam como o evangelho faz a diferença na vida de pessoas caídas. A melhor propaganda para uma vida de envolvimento ativo na igreja é um catálogo de memórias dos momentos em que o evangelho fez a diferença na igreja local e por meio dela.

---

7 Amo a forma como um pastor expressou isso: "Quando acorda no domingo de manhã e leva seus filhos à igreja, você prega um sermão que eles nunca esquecerão". Jordan Easley (@JordanEasley), Twitter, 10 jul. 2016, https://twitter.com/jordaneasley/status/752123903791759360, acesso em: 3 mar. 2021.

3. PARA QUE SEU CASAMENTO DURE, VOCÊ DEVE PRIORIZAR A IGREJA.

Em 1 Coríntios 12, Paulo escreve para uma igreja local sobre os dons espirituais: "A manifestação do Espírito é concedida a cada um visando a um fim proveitoso. Porque a um é dada, mediante o Espírito, a palavra da sabedoria; e a outro, segundo o mesmo Espírito, a palavra do conhecimento; a outro, no mesmo Espírito, a fé; [...] Mas um só e o mesmo Espírito realiza todas estas coisas, distribuindo-as, como lhe apraz, a cada um, individualmente" (vv. 7,8,11). O apóstolo está nos mostrando a igreja como um corpo. Cada um de nós recebe dons para edificar e encorajar uns aos outros quando nos reunimos. Como partes do corpo de Cristo, estamos vitalmente conectados uns aos outros. "De maneira que, se um membro sofre", escreve Paulo, "todos sofrem com ele; e, se um deles é honrado, com ele todos se regozijam" (1Co 12.26).

Quais são as implicações dessa passagem para o casamento? A igreja é vital para o casamento porque cada casal *possui* dons. Mas não apenas isso. A igreja também é vital porque você e seu cônjuge *precisam* dos benefícios que recebem como resultado direto dos dons de outras pessoas. Se você é vacilante sobre estar com o corpo de Cristo, os outros membros do corpo perdem a bênção de seu serviço. Ademais, você e seu cônjuge perdem os meios de graça que só podem encontrar quando estão participando da comunhão dos crentes.

É por isso que orar juntos à noite ou compartilhar devocionais com seu cônjuge, conquanto louvável, não é o mesmo que um envolvimento consistente em uma igreja local. Nunca presuma que é simplesmente uma escolha de como usar sua manhã de domingo: "Vamos tomar café da manhã e passear ou ir à igreja?". Deixar de ir à igreja constantemente pode criar memórias familiares, mas também reforça para sua família o que você mais valoriza. E seus filhos perceberão rapidamente que você acredita que a igreja é dispensável. Não fique tentado a pensar: *simplesmente não somos necessários em nossa igreja*. É mentira. Deus lhes deu dons únicos para a edificação de seu corpo. Para o bem da comunidade da igreja, para o bem de seus filhos e para o bem de sua própria alma, não abstenham-se de estar presente com o corpo.

UM CHAMADO MAIOR

O objetivo deste capítulo não é meramente mudar o lugar da igreja em sua escala de prioridades ou aumentar sua frequência aos cultos de domingo. Se você for um daqueles que vão duas vezes por mês à igreja dos quais falei no início, não quero forçar um sentimento de culpa para que você feche este livro com estalo e diga à sua família: "Agora é três vezes por mês ou MORTE!".

Não, meu objetivo é falar primeiro sobre os benefícios que a participação no corpo de Cristo trará ao seu casamento. Colocar a prioridade certa na igreja será uma grande graça para você e seu cônjuge. Adorar com o povo de Deus, confessar pecados, ouvir a Palavra de Deus e se conectar profundamente com amigos, todas essas graças são um sistema para o suprimento de sua alma. Portanto, pise fundo e dê o seu melhor. Seu cônjuge agradecerá. Seus filhos também, um dia.

MOMENTO DECISIVO 4: QUANDO VOCÊ PERCEBE QUE A FAMÍLIA NÃO SUBSTITUI A IGREJA

Desde o chamado de Abrão, Deus deixou claro que nossos destinos individuais estão inseparavelmente ligados à nossa identidade comunitária como parte do povo de Deus. Mas ainda é muito tentador adotar uma mentalidade que prioriza a família em vez de uma mentalidade que prioriza o reino.

	O MOMENTO	NOSSA RESPOSTA
A decisão pela verdade	Protegerei o tempo de qualidade com minha família a todo custo, buscando e investindo em meu cônjuge e meus filhos, e negligenciarei o povo de Deus?	*Ou* verei que, quando faço do amor e do serviço ao povo de Deus uma prioridade, ele usa a igreja para beneficiar nossa família no processo?
O custo exigido	Cederei à sedução das diversões e passeios a cada fim de semana, sentindo que mereço as regalias que vêm com a realização pessoal?	*Ou* levarei em conta minha responsabilidade de usar meus dons e servir a igreja em amor?
A oportunidade de exaltar a Deus	Serei tentado a pensar: "Simplesmente não sou necessário em nossa igreja"?	*Ou* lembrarei que Deus me deu dons para compartilhar com a igreja e que minha família precisa dos meios de graça que recebo como resultado direto dos dons de outras pessoas?
Como isso edifica a alma	Focalizarei apenas meu relacionamento particular, pessoal e individualizado com Deus?	*Ou* verei que meu relacionamento pessoal com Cristo é apenas uma parte da experiência cristã?
Como isso define nosso destino	Acreditarei que meu sucesso pessoal como cônjuge ou pai, o sucesso de meu casamento e o sucesso de meus filhos são as coisas mais importantes na vida?	*Ou* verei que meu destino individual está inseparavelmente ligado à minha identidade comunitária como parte do povo de Deus?

CAPÍTULO 6

Momento decisivo 5:
Quando seu cônjuge sofre

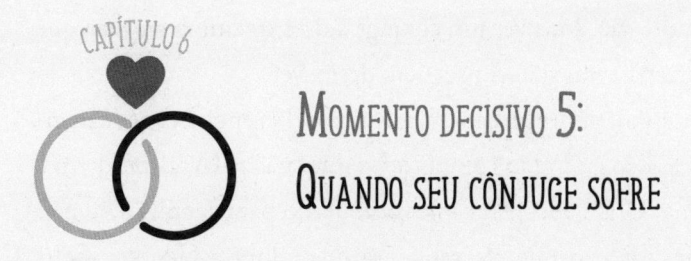

Eu gostaria que este capítulo não fosse necessário. Precisamos conversar sobre alguns momentos difíceis. Momentos pesados. Momentos definidos pelas marcas deixadas, as lágrimas derramadas e a angústia indescritível de ver sofrer quem você ama.

Case-se com alguém e você estará comprometido com o bem-estar dela. Claro, todos nós suportamos feridas de nossas próprias batalhas, mas o casamento nos convoca a multiplicar o sofrimento. Se seu cônjuge se corta, você sangra. Quando ele manca, você fica enfraquecido. O diagnóstico dele faz seus joelhos dobrarem. Dizer "sim" vem com cruzes inesperadas e espinhos indesejáveis. Quando seu cônjuge sofre, uma parte de você morre.

É claro que isso não está tão à vista quando assinamos a certidão de casamento. As primeiras partes do casamento muitas vezes são poupadas dessas indignidades. Um jovem casal é magnetizado por um amor que repele e atrai dois indivíduos até que se unem em uma só carne. Então, como o orvalho da manhã, os anos evaporam rapidamente. Os aniversários de casamento passam. Os corpos envelhecem. O amor se torna mais custoso. A idade traz consigo a aflição. Sim, suportar nosso próprio sofrimento pode trazer escuridão e humilhação. Mas ver um cônjuge sofrer traz uma tristeza que meras palavras não conseguem descrever.

Léo compreendeu. Ou talvez não. Na época, os sentimentos de Léo eram tão complicados que suas palavras perdiam a forma. Onde encontrar um vocabulário para agonia? Léo não sabia. Tudo o que ele sabia era que adorava Georgia. Seus doze anos de casamento foram os mais felizes de sua vida.

Um espectador poderia ter descrito seu mundo como idílico. Léo era o vice-presidente executivo de uma firma de produção local. Claro, havia longos dias e lucros respeitáveis, mas seu maior prazer vinha de ser um homem de família que amava a Cristo e que ia à igreja. Três lindas filhas polvilhavam açúcar e tempero e um toque intenso de gentileza no mundo de Léo e Georgia. A vida familiar girava entre esportes, vida na igreja, amigos e o conforto do lar. A posição e a renda de Léo garantiam uma boa casa e outras vantagens, incluindo viagens em família. Honestamente, era a vida dos sonhos. Se houvesse uma escala de um a dez para a satisfação com a vida, Léo vivia no onze.

E então aconteceu.

A aflição nunca toca a campainha. Ela arromba a porta, sem ser convidada. Para Georgia, a pancada veio com uma mamografia de rotina. "É câncer", disse o médico. "E começou a se espalhar dentro de você".

Os anos seguintes foram opacos para toda a família. O câncer era agressivo, mas Georgia respondia com otimismo corajoso. Para Léo, ver o sofrimento de sua esposa arrepiava sua alma — como a geada em seu para-brisa após uma noite de inverno em Wisconsin. Ele queria ajudar, confortar; gostaria de poder trocar de lugar com sua esposa e poupar Georgia desse sofrimento. Mas ele pouco podia fazer.

Nunca em sua vida Léo se sentira tão impotente; ele nunca tinha *sido* tão impotente.

Por fim, os médicos perceberam que a artilharia pesada era a única esperança. Eles bombardeariam o câncer por meio de um transplante de medula óssea. Substituir a medula de Georgia a deixaria perto da morte, mas os especialistas argumentaram que isso salvaria sua vida. *Descer à morte para salvar uma vida*, Léo pensou. As ironias abundavam. Mas fazia sentido. Então, Léo e Georgia assentiram com os médicos.

Os tratamentos funcionaram, pelo menos no início. Georgia melhorou e, por alguns anos, parecia estar vencendo o câncer. No quarto ano, de fato, Georgia foi declarada livre do câncer. Como um inimigo conquistado, a doença foi afastada e vencida. Georgia era uma sobrevivente. Dias felizes se seguiram enquanto as nuvens sombrias do medo e da ansiedade se dissipavam com luzes promissoras. Pela primeira vez em anos, seu futuro era brilhante!

Mas o câncer pode ser traiçoeiro, ocultando sua existência e concentrando suas forças em lugares imprevistos. Um ano depois, ele desencadeou um ataque ao fígado de Georgia. Os médicos concluíram que não havia nada a ser feito. Depois de seis anos lutando contra essa aflição, o corpo de Georgia esgotou suas forças. O Senhor a chamou, e Georgia foi para casa.

No funeral, Léo ficou sem palavras. Ele era um pai solteiro com três meninas — sem esposa, sem mãe —, mas ainda com um trabalho exigente. Ele tinha um catálogo de perguntas sem resposta. A dor de ver Georgia sofrer, de ver suas esperanças alimentadas e depois destruídas, de ver o câncer lentamente consumir sua alma gêmea... Ao final, parecia que haviam perdido. Ele perdeu. Ela perdeu. As crianças perderam também. Georgia se foi, e Léo estava ali desamparado diante de seu túmulo.

A essa altura, você já percebeu que este capítulo aborda o sofrimento e a aflição; contudo, não o faz de maneira convencional. Neste mundo, seu cônjuge sofrerá. Mas como você responde a esse sofrimento indesejado e inesperado pode ser a diferença entre um coração cínico e um momento decisivo de esperança.

QUANDO SEU CÔNJUGE SOFRE, ONDE VOCÊ ESTÁ?

Por que um cônjuge tem que ver seu melhor amigo ou sua melhor amiga sofrer? Todos nós já ouvimos sermões sobre sofrimento. Eles nos preparam, armam e encorajam para vales sombrios. Mas como nos preparamos para ver quem amamos sofrer? Não estou escrevendo apenas sobre a variedade de sofrimentos fatais como os que Georgia experimentou. E quanto a ataques de pânico, enxaquecas, doença de Crohn, aborto espontâneo, depressão ou transtorno pós-traumático? Essas são apenas algumas das centenas de doenças que afligem as pessoas que amamos.

Quando se trata de um cônjuge que sofre, a morte pelo menos encerra o pesadelo. Acordar todos os dias com o sofrimento contínuo de seu cônjuge faz com que a vida pareça cruel. A morte, pelo menos, dá uma chance de encerramento, mas um cônjuge que sofre machuca (involuntariamente, é claro) todos os que o amam. A vida se torna difícil. É uma associação bastante aleatória, mas eu me lembro de uma vez estar sentado em um cinema e ouvir um caubói envelhecido em um velho faroeste dizer algo sobre o sofrimento que ficou gravado em minha mente por quarenta anos. "Morrer não é tão difícil para homens como você e eu", sussurrou o fora da lei Josey Wales. "O difícil é viver".

Onde você está quando cada dia prolonga a aflição para quem você ama? Como você oferece esperança quando seu cônjuge está buscando um significado, muitas vezes lutando pela própria vida? Você é capaz de estar intencionalmente presente enquanto vive as piores partes do "na saúde ou na doença"?

Certamente, há maneiras tolas de um cônjuge reagir ao sofrimento. A Bíblia não faz rodeios ao contar algumas dessas histórias.

- *Como Adão, alguns cônjuges ficam passivos.* Adão foi passivo quando Eva mordeu a fruta, então ele tolamente aceitou-a também, devorando-a como um pacote de biscoitos recheados. Não, esse não era um sofrimento de quimioterapia ou de andar apenas com apoio. Esse foi o marco zero onde tudo começou. Comer o fruto desencadeou miséria e agonia indescritíveis para o mundo. Como um tsunami, o pecado e o sofrimento assolaram a criação sem resistência. A mulher escolheu a desobediência, enquanto seu marido escolheu a inércia e, depois, a desobediência também. Mostre-me um marido ou uma esposa que se move rapidamente em direção ao silvo da tentação e eu lhe mostrarei um cônjuge que não está preparado para aquele momento. A Queda nos lembra de que, quando um dos cônjuges experimenta o sofrimento por causa do pecado, o outro pode ser passivo e tentar encontrar alguém para culpar.

- *Como a esposa de Jó, alguns cônjuges ficam cínicos.* Em resposta ao extraordinário sofrimento de seu marido, a esposa de Jó deu um conselho memorável: "Amaldiçoa a Deus e morre" (Jó 2.9). Ela entregou os pontos e foi embora. Honestamente, você pode culpá-la? Todos nós já passamos por momentos ruins, mas é improvável que algum de nós já tenha perdido todos os nossos filhos, todas as nossas posses terrenas e nossa saúde física por causa de um ataque demoníaco direto. Mas tudo isso aconteceu com Jó. E quando isso aconteceu, o conselho de sua esposa foi basicamente: "Desista de Deus e cometa suicídio". A esposa de Jó nos lembra de que, quando chega o sofrimento, alguns cônjuges se desesperam totalmente.

- *Como Abrão, alguns cônjuges protegem a si mesmos.* Ao entrarem no Egito, Abrão temeu sofrer se os egípcios soubessem que Sarai era sua esposa. Então, Abrão disse a Sarai para mentir e informar a quem perguntasse que ela era sua irmã (Gn 12.10-20). Descobrindo que Sarai estava disponível, o faraó a tomou como sua própria esposa. É um momento triste quando um herói bíblico prostitui sua esposa para salvar sua própria pele. Mas Abrão não pensou duas vezes antes de trocar Sarai por sua própria vida. Ele nos lembra de que, quando chega o sofrimento, os cônjuges podem ser egoístas e imprudentes — até mesmo ao nível do abuso.

Esses três exemplos bíblicos de como as pessoas se situam em momentos decisivos ilustram uma dura verdade. *A maneira que reagimos quando nosso cônjuge sofre diz muito sobre nossa compreensão do casamento.*

Léo entendeu. Ele estava determinado a estar presente por Georgia, a se tornar uma voz de afeto irrestrito enquanto ela permanecesse viva. Ele reorganizou seu trabalho para que pudesse estar em todas as idas ao médico.

Quando a quimioterapia começou, Georgia perdeu peso, perdeu sua energia e, finalmente, perdeu seu lindo cabelo. De vez em quando, Georgia dava uma olhadela de lado em seu corpo no espelho. Ela se sentia como uma personagem extraterrestre em um filme surreal de ficção científica, presa em um corpo cientificamente alterado para satisfazer algum roteiro estranho. Léo quase podia ver o que ela estava pensando. Ele intencionalmente elogiava seu novo penteado, no estilo "ralo e caindo no chão" super na moda. Ele garantiu a Georgia que, para ele, suas verdadeiras belezas não apenas estavam intocadas, mas totalmente realçadas.

E agora Georgia se fora. Léo nunca se considerou melhor do que qualquer um dos personagens bíblicos mencionados acima. Ele não tinha auréola ou pó de anjo para torná-lo mais santo. Em alguns momentos, ele lutou sentindo-se sozinho, ansioso e com medo. Mas Léo era um cara que entendeu que suas promessas de "até que a morte nos separe" seriam testadas pelo fogo. É apenas uma lógica simples: um dos cônjuges acabaria sofrendo e morrendo primeiro. Léo sempre presumiu que seria ele. Apesar da crueza e da realidade de sua agonia, de uma maneira distinta, mas inexplicável, ele se sentiu honrado pelo chamado de Deus para servir sua esposa até que ela falecesse. Estar lá desde o primeiro "sim" até o último adeus de partir o coração certamente trouxe tristeza, mas Léo agora podia ver que seu casamento maravilhoso terminara com beleza e completude.

QUANDO SEU CÔNJUGE SOFRE, QUEM É VOCÊ?

Ver um cônjuge sofrer revela como definimos e personificamos o amor. Léo entendeu que amar significa sacrificar-se para servir a seu cônjuge sofredor. O sofrimento de Georgia tornou-se, entre outras coisas, a vocação de Léo — e, subsequentemente, um momento decisivo para sua vida.

Sou inspirado por sua história, especialmente porque experimentei meus próprios momentos decisivos — tempos em que Kimm precisou de mim nos últimos 37 anos — e minha resposta foi, digamos, menos brilhante. Talvez você possa se ver em algumas de minhas falhas:

- Há o *Dave diligente*. Esse Dave tem seus melhores momentos. Ele surpreende a si mesmo com explosões de simpatia e pequenos gestos de amor. As coisas que precisam ser feitas são devidamente concluídas. O problema é que seu trabalho é exigente. Ele tem muitas responsabilidades. Mesmo com sua esposa sofrendo, o trabalho distrai e compete pela prioridade. Esse Dave pode confundir. Ele comparece apenas o suficiente para cumprir o dever de servir, mas nunca deixa o escritório o suficiente para prover o que é realmente necessário: estar presente para um cônjuge em sofrimento.
- Depois, há o *Dave mártir*. Kimm está sofrendo, e Dave está trabalhando bravamente para manter as coisas funcionando. Dave se vê como o servo silencioso, mas basta

apenas uma carência para riscar a superfície e esse Dave começa a fazer referências indiretas ao seu catálogo de sacrifícios. Para esse Dave, a mão esquerda e a direita devem sempre permanecer informadas sobre a atividade uma da outra. Claro, de forma sutil. Chamar a atenção abertamente pareceria inadequado — como se Dave estivesse fazendo o sofrimento de Kimm ser mais sobre si mesmo. Mas, na realidade, é exatamente isso que ele está fazendo. Ele está aproveitando as aflições dela em uma celebração de si mesmo. Esse Dave usa o sofrimento de Kimm para sua própria glória.

+ Em seguida, há o *Dave a uma distância segura*. Esse Dave fica em casa para servir. Ele atende Kimm de maneiras louváveis. Mas mantém uma distância entre ele e sua esposa sofredora. Afinal, quem realmente sabe até onde os germes podem se espalhar? Os atos de serviço de Dave visam, em parte, mantê-lo isolado do sofrimento de sua esposa. Claro, a Bíblia diz que o marido deve amar sua esposa "como também Cristo amou a igreja e a si mesmo se entregou por ela" (Ef 5.25). Mas Dave presume que uma infecção bacteriana na garganta não era o que o apóstolo Paulo tinha em mente quando se dirigiu aos leitores originais.

+ Que tal o *Dave "não vou deixar você contar sua história"*? Esse Dave não permite que Kimm conte sua história de sofrimento sem se incluir no relato. O sofrimento dela lembra uma situação semelhante de sua história pessoal. As tentativas de Kimm compartilhar como está indo são cooptadas pelo instinto de Dave de relacionar todas as histórias de sofrimento a momentos em que ele sentia o mesmo. Quer ele perceba ou não, esse Dave na verdade contribui mais para o sofrimento de Kimm. A aflição original dela — agora combinada com o comportamento egocêntrico dele — torna cada vez mais difícil para Kimm resistir a um impulso crescente de lhe infundir algum juízo com uns tapas.

+ Finalmente, *há o Dave "prepare o testamento"*. Esse último Dave está presente, servindo e ajudando Kimm em sua aflição. Mas sua reabilitação é obscurecida pelas preocupações de Dave com todos os sintomas. Cada vez que ela sente uma dor, Dave pesquisa para descobrir o que realmente significa. Seus medos, vagando livremente pelos campos selvagens de informações da internet, são imediatamente transmitidos a Kimm. Com esse Dave, o sofredor e o ajudante trocam de lugar enquanto Kimm o convence de que pode ser muito cedo para encomendar o caixão. O maior perigo desse Dave não é a presença de seu medo, m*as a ausência de sua fé*. Ele precisa de uma fé grande o suficiente para tirar os olhos de sua preocupação e voltar-se para as necessidades de sua esposa. Felizmente, Kimm está disposta a esquecer seu sofrimento o suficiente para convencer Dave a desistir do desespero e ajudá-lo a se firmar sobre as promessas de Deus. Graças a Deus Kimm está por perto para ajudar Dave no sofrimento dela.

O que esses Daves têm em comum? O egoísmo, o medo, a preocupação, a autoproteção, a ansiedade, a descrença, a confusão, o exagero, o servir a si mesmo, a perplexidade, a inquietação — todos representam oportunidades perdidas por causa de uma agenda pessoal. Você conhece algum desses caras? Talvez um deles olhe para você no espelho todas as manhãs.

Admita. Não é nada fácil servir a um cônjuge sofredor. Não quando o ajudante é um pecador.

QUANDO SEU CÔNJUGE SOFRE, O QUE VOCÊ DEVE FAZER?

Então, falando de maneira prática, o que podemos fazer quando vemos nosso cônjuge em aflição?

Primeiro, esteja presente. Pessoas que sofrem se sentem sozinhas. Às vezes, há a tentação de acreditar que ninguém consegue entender como se sentem ou o que estão vivenciando. Em contrapartida, a pessoa que deseja ajudar seu cônjuge geralmente presume que sabe exatamente o que a outra pessoa está sentindo. Nesses momentos, as palavras de Tiago 1.19 o ajudarão a oferecer o apoio necessário: "Todo homem, pois, seja pronto para ouvir, tardio para falar, tardio para se irar".

Os três amigos de Jó acertaram em cheio; até que abriram a boca. Eles mereciam aplausos de pé pelo primeiro ato de sua apresentação. Eles apareceram, sentaram-se e não disseram nada: "Sentaram-se com ele na terra, sete dias e sete noites; e nenhum lhe dizia palavra alguma, pois viam que a dor era muito grande" (Jó 2.13). Deus entende a importância de ouvir. É por isso que ele nos chama a orar (Fp 4.6). Apresente-se, sente-se e ouça bem. O ponto nesse momento não é a poesia de suas palavras; é a sua presença.

Então, quando a conversa começar, faça algumas perguntas e ouça as respostas. Os sofredores muitas vezes não entendem suas circunstâncias, por isso precisam saber que você ouviu o que está em seu coração. Intervir com perguntas aumenta a clareza e alimenta sua empatia. Você pode perguntar: Como você está se sentindo? (Bem básico, certo?) O que ajuda a aliviar sua dor ou sofrimento agora? Como está sua alma? Como posso orar por você? Você está sendo tentado de alguma maneira em relação à qual eu posso ajudar? De que forma você sente a presença de Deus nesse exato momento? Em que passagens a Palavra de Deus tem lhe oferecido esperança ultimamente?

O sofrimento é uma janela para a alma. Ouvir bem o ajuda a espiar pela janela para descobrir onde a dor é sentida e onde a fé está sob ataque.

Segundo, confie em Deus para usá-lo. Você já se sentiu muito incapaz de ajudar seu cônjuge quando ele sofria? Talvez você não compreenda totalmente a extensão de sua dor ou a natureza de sua aflição. Não se preocupe. Você acabou de encontrar a primeira qualificação para ser uma voz útil. Deus se agrada em usar pessoas fracas. São pessoas superconfiantes como os coríntios que se mostram problemáticas. Paulo os lembra de que uma fonte inesgotável é prometida para aqueles que procuram confortar outros:

> Bendito seja o Deus e Pai de nosso Senhor Jesus Cristo, o Pai de misericórdias e Deus de toda consolação! É ele que nos conforta em toda a nossa tribulação, para podermos consolar os que estiverem em qualquer angústia, com a consolação com que nós mesmos somos contemplados por Deus. Porque, assim como os sofrimentos de Cristo se manifestam em grande medida a nosso favor, assim também a nossa consolação transborda por meio de Cristo. Mas, se somos atribulados, é para o vosso conforto e salvação; se

somos confortados, é também para o vosso conforto, o qual se torna eficaz, suportando vós com paciência os mesmos sofrimentos que nós também padecemos. (2Co 1.3-6)

Paulo diz que eles podem "consolar os que estiverem em qualquer angústia" com o mesmo conforto que receberam de Deus. A igreja de Corinto é um público incomum para essa lição. Eles se viam notavelmente mais maduros e preparados para as complexidades da vida e da liderança. No entanto, para Paulo, eles ainda usavam fraldas (1Co 3.1-4; 5.1). Por isso, não pensamos neles como aqueles com quem Paulo falaria sobre consolar outros.

Como evidência de sua imaturidade, essa igreja acreditou em mentiras, tolerou tolos, seguiu impostores, exaltou-se desinibidamente e, no final das contas, traiu Paulo a favor de líderes mais na moda. Mas Paulo tinha uma queda por esses cabeças de vento. O egocentrismo dos coríntios dificultava que eles soubessem como cuidar uns dos outros quando sofriam.

E aí está o ponto de contato para cuidar de seu cônjuge sofredor.

Ao consolar os coríntios, Paulo pôde lançar mão do conforto que já recebera. Ao confortá-los, ele o fez a partir da experiência. Ele foi capaz de usar o conforto de Deus não apenas para ter esperança pessoal, mas com o propósito de passá-la adiante. Lembra-se do que ele disse? "Se somos atribulados, é para o vosso conforto e salvação; se somos confortados, é também para o vosso conforto, o qual se torna eficaz, suportando vós com paciência os mesmos sofrimentos que nós também padecemos" (v. 6). Deus às vezes *nos dá* aflição para fornecer conforto e compaixão a outras pessoas. Você está absorvendo isso? Deus está sugerindo que algumas de nossas aflições têm um propósito maior em vista — ajudar outros que sofrem?

Deus está tão disposto a ajudá-lo a cuidar de seu cônjuge que preparou alguma aflição no passado para você. Você se lembra qual foi? Você esteve inexplicavelmente doente? Você lutou contra a depressão, sofreu com uma perda inesperada ou teve seu senso de segurança quebrado?

Lembro-me de quando Deus desvelou isso para mim. Foi um tranco como trocar de marcha sem a embreagem.

A vida cristã não é apenas uma coisa entre "mim e Deus". Ele não está em busca de meros consumidores de conforto. Somos chamados a ser *fornecedores* de conforto, um povo que leva o conforto que recebeu na aflição e o repassa a outros, a começar por nosso cônjuge. Deus nos preparou para esse momento "para podermos consolar os que estiverem em qualquer angústia, com a consolação com que nós mesmos somos contemplados por Deus" (v. 4).

Terceiro, lembre-se dos círculos. Você se lembra dos círculos sobrepostos no capítulo sobre imperfeição? Um cônjuge sofredor pode experimentar idas e vindas pelos círculos enquanto procura respostas para sua dor. O sofrimento amplifica todas as influências sobre nossas vidas — nossos medos, nossa criação, nossas predisposições genéticas e até mesmo a influência demoníaca. Quando um médico sussurra um diagnóstico de câncer, o coração imediatamente luta contra o medo, o inimigo ataca com mentiras, e a aflição pode revelar uma fraqueza genética. No trauma dessa notícia, todos os círculos sobrepostos começam a girar. Em última análise, o maior serviço que podemos prestar ao nosso cônjuge é lembrá-lo do maior círculo — o Deus da Providência. Sua graça sustenta tudo. Ele supervisiona todos os eventos e os conduz para o nosso bem.

Pense em Léo. O que ele deveria ter dito a Georgia enquanto ela estava indefesa sob o poder do câncer, imaginando o que aconteceria com suas filhas? O que pode ser dito a Léo no momento em que ele se pergunta se consegue reorientar sua vida e mentalidade o suficiente para criar três filhas sozinho? Cada pessoa que sofre processa sua experiência de maneira diferente. Às vezes, elas fazem perguntas lógicas; outras vezes, a dor distorce sua realidade e elas ficam perdidas.

Você está lá para ajudar a apontar para a direção certa. No fim das contas, o maior conforto que um sofredor pode receber não é horizontal ("Eu entendo"), mas vertical ("Deus entende, e ele está trabalhando").

E o entendimento de Deus não é teórico. Ele não apenas imagina qual pode ser o impacto ou obtém informações de segunda mão sobre os efeitos colaterais para que possa reagir de forma adequada. Ele realmente conhece.

Os sofredores costumam ver o papel de Deus em seu sofrimento como o de um oleiro: ele cria o vaso de barro e às vezes o quebra. Mas o oleiro segura o martelo e nunca sente seus golpes. *Os sofredores precisam saber que nosso Deus crucificado é diferente*. Em Cristo, ele conhece nossa dor, e é isso que torna sua providência tão confortante. Lembro-me disso cada vez que cantamos o hino clássico de William Cowper, "God moves in a mysterious way" ["Deus se move de maneira misteriosa"]:

> Ó santos temerosos, tenham coragem renovada;
> as nuvens que vocês tanto temem
> estão cheias de misericórdia e se quebrarão
> em bênçãos sobre sua cabeça.

Quarto, compartilhe a história de Deus. A história de Deus toca nosso sofrimento na pessoa de Jesus Cristo. "O Pai de misericórdias e Deus de toda consolação" (2Co 1.3) enviou seu Filho para garantir que seu povo experimentasse sua misericórdia perene e conforto indestrutível, não em teoria, mas de maneiras pessoais e tangíveis. Cristo levou os pecados que cometemos e aceitou a punição que merecíamos para oferecer uma misericórdia que não podemos compreender.

Se as boas-novas parassem por aí, já seria espetacular. Mas tem mais. Deus poderia ter resolvido o problema do pecado sem tratar os efeitos do pecado e do sofrimento que afetam nossa vida diária. Mas ele é bom demais para isso. Ele nos consola *em* nossa aflição com um consolo disponível por causa de sua própria dor. Cristo foi injustamente acusado, publicamente envergonhado, horrivelmente espancado, terrivelmente crucificado e divinamente abandonado na cruz. Todo conforto foi retirado de Cristo para que pudéssemos ser confortados, bem como ser capazes de confortar uns aos outros.

Volte e leia essa última frase novamente. É muito importante. Alguém que você ama pode precisar dela agora. Se não, você pode precisar dela em breve. Uma necessidade primordial entre os sofredores é ouvir a história de Cristo — saber que ele passou por isso. Ele sabe como nos sentimos e está perto. Ele tem um plano. Quando as torrentes de aflição e ansiedade nos engolem, compartilhar a história de Deus nos mantém amarrados ao porto em vez de à deriva sem leme.

Existe um instinto humano reflexivo — profundo em nosso DNA — de recorrer às pessoas quando nossas almas estão sobrecarregadas. Essa é a variedade de conforto de carne e osso. Você já sentiu isso, e seu cônjuge também. Queremos conversar, encontrar uma caixa de ressonância, abrir nosso coração, encontrar alguém — qualquer um — com quem possamos compartilhar nosso fardo. Mas, para que o conforto seja duradouro e significativo de maneira definitiva, ele deve brotar primeiro de uma fonte eterna: o Deus que ama, que vem, que sofre, que morre, que ressuscita munido de graça e conforto para ajudar a alma sofredora.

E que fonte infinita de conforto ele é!

Não muito tempo atrás, Kimm e eu fomos a Wakulla Springs, o local da maior caverna subaquática dos Estados Unidos. Essa fonte jorra cerca de um bilhão de litros de água por dia. Pensar nesse dado imediatamente travou meu cérebro. É um suprimento infinito. E essa é a mesma ideia que Paulo transmite aos coríntios. Em nosso Deus, que sofreu por nós e conquistou o conforto da ressurreição, agora temos um suprimento infinito.

Se queremos ajudar nosso cônjuge, vamos orientá-lo não apenas a compartilhar suas histórias conosco, mas também a meditar na história de Deus, a fonte de infinito conforto.

Finalmente, procure a oportunidade de Deus. Um cônjuge sofredor pode deixar-nos introspectivos. É compreensível. Sua condição nos atinge em cheio, perturba nossos ritmos e realidades e nos preocupa enquanto tentamos encontrar um novo normal. Em tempos assim, nosso mundo pode facilmente se tornar centrado nas aflições; estamos constantemente falando sobre "o problema", pesquisando "o problema" e atualizando outras pessoas sobre "o problema".

Conversas assim são essenciais, principalmente no início de uma provação, quando marido e mulher devem entender o que está acontecendo e precisam de tempo para processar.

Muitas vezes, porém, "o problema" consome uma quantidade cada vez maior de espaço de conversação e ficamos introspectivos como casal. Começamos a viver uma vida fissurada na solução do problema, rapidamente esquecendo-nos do plano divino em ação em nossa dor.

Mas as provações nunca são estéreis. Elas chegam recheadas de uma oportunidade inesperada. Há uma enfermeira em processo de divórcio no consultório médico que você frequenta? As pessoas estão se abrindo para você sobre seus medos depois de ouvir sobre a aflição de seu cônjuge? Você está descobrindo que sua provação, ou a condição de seu cônjuge, realmente serve para fazer as pessoas se aproximarem de você? Quando um cônjuge sofre, podemos esperar por uma experiência vital. Deus coloca oportunidades extraordinárias no centro do sofrimento.

Meu amigo Scott morava no Canadá com sua esposa, Jeannie, uma mulher adorável que sofria de doença renal crônica. Há alguns anos, o estado de Jeannie parecia ter melhorado o suficiente para fazer uma viagem aos Estados Unidos. No voo de ida para Denver, porém, Jeannie desmaiou e caiu perto da cozinha do avião. Ela precisava de atenção médica urgente. Horas depois, os médicos informaram a Scott e Jeannie que a condição dela havia piorado rapidamente. Essa má notícia foi acompanhada de uma declaração alarmante: Jeannie não podia ser transferida. Ela não poderia voar, não poderia voltar para o Canadá. Ela precisava de cuidados imediatos.

Presos no Colorado, Scott e Jeannie apenas se entreolharam. *Isso não poderia estar acontecendo.* Como moravam no Canadá, eles não tinham plano de saúde nos Estados Unidos. Para complicar ainda mais as coisas, eles ainda tinham o pagamento da hipoteca em Toronto, então sua única opção de moradia era se mudar para o porão de um parente. Contudo, Scott e Jeannie já carregavam as cicatrizes dos tempos difíceis, e sabiam que Deus insere seus propósitos em nossa dor. Assim, quando Jeannie começou seu tratamento, eles esperaram, juntos, em Deus.

No terceiro mês da provação, algumas famílias que sabiam que Scott fora pastor de uma igreja o abordaram para iniciar um estudo bíblico. Ele e Jeannie conversaram e ambos sentiram fortemente que Deus estava abrindo uma porta para Scott servir dessa forma. Nos meses seguintes, o estudo bíblico cresceu. As pessoas experimentaram Deus de maneiras significativas. Os participantes do grupo começaram a perguntar: "Será que esse estudo bíblico deve se tornar uma plantação de igreja?". Nessa situação em que a loucura era o novo normal, Scott e Jeannie pensaram: *Por que não?* Por que um casal de refugiados canadenses sem dinheiro e com muitas aflições não deveria plantar uma igreja na cidade de conexão em que seu voo de retorno foi abruptamente interrompido?

A linha divisória entre a vontade de Deus e a loucura absoluta costuma ser traçada diretamente por meio da nossa fé. Scott e Jeannie entenderam isso. Eles sabiam que sua situação parecia coisa de um reality show, mas confiaram em Deus e deram início à City Church. Assim, eles seguiram a direção de Deus.

Três meses após o início, a nova igreja conseguiu comprar o prédio onde se reuniam. Menos de um ano depois, Scott e os outros líderes empossaram um novo pastor líder. Por quê? Porque 18 meses após sua parada inesperada, Jeannie foi liberada para viajar. Scott e Jeannie poderiam ir para casa.

Imagine só. Enquanto tiravam a última mala do porão, Scott e Jeannie não deixavam para trás apenas uma história louca de uma conexão que virou uma provação. Deixaram para trás uma nova igreja, novos amigos que aprenderam a amar e uma cidade onde tiveram um momento decisivo. É uma lição para todos nós. Coisas incríveis podem acontecer quando olhamos além de nosso sofrimento para ver o que Deus pode estar fazendo.

Uma última coisa. Quando Scott me contou essa história, ele quis expressar claramente o momento mais precioso de toda a experiência. Na véspera da primeira reunião pública de City Church, Scott entrou no porão da casa, onde Jeannie tinha acabado de encontrar uma mensagem no Facebook anunciando o primeiro culto. Quando ele abriu a porta, encontrou sua esposa chorando. Quando perguntou por quê, Jeannie, com lágrimas escorrendo pelo rosto, disse: "A única razão de você estar aqui é porque eu fiquei doente. Porque eu fiquei doente, tem uma igreja começando amanhã. Se esse foi o preço a pagar, então valeu a pena!".

Se você está lendo isso e seu cônjuge está sofrendo, ou se você é quem está sofrendo neste exato momento, lembre-se sempre: há propósitos e oportunidades no sofrimento que não podemos começar a entender neste lado da eternidade. Por enquanto, não precisamos compreendê-los; precisamos apenas nos preparar para eles.

Caro leitor, seu cônjuge está sofrendo agora? Procure a oportunidade de Deus!

LÉO E A VIDA

Vários anos se passaram à medida que Léo aprendia a navegar no mundo de viúvos e pais solteiros. A tristeza batia com frequência, mas Léo tinha uma boa igreja e um mundo ocupado. Por fim, as nuvens se dissiparam e o sol raiou. A chegada da luz coincidiu com uma fonte inesperada e deliciosa de conforto. Um domingo, durante um culto bastante comum na igreja, Léo conheceu uma mulher chamada Rhonda. Com o passar do tempo, Léo e Rhonda descobriram que tinham muito em comum. Para começar, os dois perderam cônjuges. Mas havia mais: ambos eram pais solteiros com filhos em casa; ambos eram profissionais; e ambos carregavam as cicatrizes emocionais de verem sempre um espaço vazio na mesa da família.

Nada foi coreografado ou arranjado. Léo e Rhonda gostaram um do outro e começaram a reorganizar suas agendas para passar mais tempo juntos. Eles falaram sobre o passado, suas dores e as maneiras incríveis como Deus os surpreendera. Não demorou muito para que eles falassem sobre o futuro também — o futuro deles.

Um ano depois, Léo e Rhonda se casaram. Os dois meninos de Rhonda se mudaram para uma nova casa com as três meninas de Léo. Bem-vindos a *The Brady Bunch*,[1] parte 2.

Os caminhos de Deus são misteriosos. Léo e Rhonda se conheceram apenas anos depois que seus cônjuges se foram. Mas ambos sabiam que o tempo de Deus era perfeito, e, nos momentos em que tudo parecia perdido, Deus estava presente para confortá-los. Inicialmente, seu sofrimento tinha um

---

1 N. do T.: Em português, A Família Brady. Popular série de comédia familiar dos anos 70 na TV americana, em que viúvos se casam e passam a morar juntos, tendo consigo os filhos dos relacionamentos anteriores.

gosto amargo, mas Deus trabalhou por meio desse sofrimento de forma que, no final das contas, Léo e Rhonda pudessem experimentá-lo com doçura.

Já se passaram dezenove anos desde que Léo e Rhonda subiram ao altar e disseram "sim" pela segunda vez. Os anos que se seguiram foram cheios de felicidade, conforme aprendiam a deleitar-se no conforto de estarem juntos. No entanto, vivemos em um mundo caído em que o sofrimento diminui, mas não se vai. Dessa vez, ele bateu na porta de Léo.

Dois anos atrás, Léo começou a apresentar alguns sintomas imprevistos. Durante um cruzeiro com Rhonda, ele teve dificuldade em levantar uma das pernas para subir uma escada. Os oceanos deixam as pernas das pessoas bambas há milhares de anos, então ele pensou que não fosse nada. Mas, chegando em casa, o problema continuou. Na verdade, piorou. A força das pernas de Léo decaiu rapidamente. Os médicos foram consultados e o diagnóstico estava entre um distúrbio autoimune e algo muito pior: esclerose lateral amiotrófica. Cada diagnóstico trazia complicações, mas o segundo atacava seus medos como tigres famintos vagando por Serengueti.

Os meses seguintes não foram encorajadores.

Primeiro Léo mancava. Em seguida, veio a bengala. Ele completou sua fisioterapia e suportou uma série de procedimentos dolorosos. Mas as coisas pioraram, e Léo acabou precisando de um andador. Se não houver mudança, Léo suspeita que uma cadeira de rodas virá logo adiante.

Rhonda lamenta a perda da mobilidade do marido. Duas das alegrias da vida eram viajar e fazer trilhas — ambas agora impossíveis por causa da deterioração da condição de Léo. Rhonda serve Léo de maneiras heroicas. Ela é uma voz de encorajamento da mesma forma que Léo foi durante a quimioterapia de Georgia. Rhonda reconhece que uma batalha espiritual acompanha cada aflição física, por isso é rápida em lembrá-lo da bondade de Deus. Eles oram juntos e ainda gostam de abrir sua casa para outras pessoas.

Por seu passado de dores, Rhonda se identifica alegremente com os medos de Léo. Como um homem familiarizado com a aflição, Léo faz o mesmo por Rhonda enquanto ela medita no diagnóstico incerto pairando como uma nuvem ameaçadora sobre sua vida. Quanto tempo eles ficarão juntos? Não se sabe. Mas, de uma maneira bela, eles agradecem a Deus por suas aflições do passado. Eles foram preparados para a incerteza presente e a glória futura.

Em um mundo caído em que não temos controle sobre a chegada de más notícias, 2 Coríntios 1 se torna uma promessa que faz toda a diferença. Guardado nessa passagem está um lembrete de que nosso cônjuge nunca precisa sofrer sozinho. Deus nos conforta em nossas aflições. Ele nos preparou para esse momento decisivo.

A graça de Deus é suficientemente vasta para nos preparar para cada vale sombrio, para cada provação que pode tentar e afligir quem amamos. A graça de Deus preparou Léo para cuidar de Georgia até sua partida e, agora, fortalece Rhonda para a incerteza do futuro de Léo. Eles enfrentam esse futuro juntos, sabendo que Deus os confortou e os preparou para confortar um ao outro. E, nessa condição, carregando cicatrizes do passado e brilhantes esperanças para o amanhã, eles permanecem juntos "até que a morte os separe".

MOMENTO DECISIVO 5: QUANDO SEU CÔNJUGE SOFRE

Quando você se casa com alguém, está comprometido com o bem-estar da pessoa. Suportar nosso próprio sofrimento pode trazer escuridão e humilhação. Mas ver um cônjuge sofrer multiplica nossa angústia.

	O MOMENTO	NOSSA RESPOSTA
A decisão pela verdade	Responderei ao sofrimento de meu cônjuge com determinada autoproteção, mantendo sua dor a uma distância segura?	*Ou* estarei presente — ouvindo, procurando ser empático e mostrando compaixão?
O custo exigido	Apontarei o dedo secretamente para meu cônjuge, culpando-o pelos custos que seu sofrimento impõe a mim?	*Ou* reconhecerei que nosso bom Deus ordenou este tempo e que minha resposta ao sofrimento revelará meu próprio coração?
A oportunidade de exaltar a Deus	Deixarei que a inconveniência que sinto por servir meu cônjuge sofredor escape em meus comentários e atitudes?	*Ou* me lembrarei de que, em Cristo, o qual sofreu por nós e recebeu o conforto da ressurreição, temos um suprimento infinito de conforto?
Como isso edifica a alma	Serei um consumidor de conforto, ocupado exclusivamente com minhas próprias feridas, mas cego para o sofrimento dos outros?	*Ou* serei um fornecedor de conforto, levando esse conforto que recebi de Deus aos outros, a começar por meu cônjuge?
Como isso define nosso destino	Responderei com um coração cínico, cedendo ao desespero total?	*Ou* responderei com uma esperança sublime, recebendo o conforto de Deus em minha aflição para que eu possa, então, fornecer conforto e compaixão a meu cônjuge?

CAPÍTULO 7

Momento decisivo 6:
Quando você entende a misericórdia

Quando se trata de invenções, o casamento é um caso à parte. Pense a respeito. No casamento, duas pessoas imperfeitas tornam-se tão conectadas que todas as máscaras caem. Todos os fingimentos são abandonados. Começamos a nos sentir tão confortáveis um com o outro que um belo dia estamos desfilando por aí de roupa intima — ou, nas boas noites, sem nada.

Mas aqui está o outro lado. À medida que aumentam os níveis de conforto, também baixamos a guarda, e nossa queda se mostra plenamente. Vemos um ao outro em nosso pior. Atitudes ruins, hábitos ruins, cabelos ruins, hálito ruim — certamente há momentos nada atraentes guardados debaixo dos lençóis do matrimônio. E, à medida que envelhecemos, nossos corpos se transformam, aumentam e ficam grisalhos. A gravidade, digamos, assume o controle, e às vezes, olhar para o seu cônjuge oferece um visual adorável, mas menos agradável do que a versão 1.0 anterior com que você se casou. (Senhoras, é claro que estou descrevendo apenas a aparência masculina).

E esse é o ponto. O casamento, principalmente ao envelhecer, torna-se um despertar para a misericórdia de Deus. Um lugar seguro onde vemos um ao outro como Deus nos vê (como somos, sem máscaras) e onde aprendemos a responder assim como ele (com bondade e compaixão). Nesse sentido, o casamento se torna um santuário. Para duas pessoas envelhecendo juntas, é um alívio no que diz respeito ao mundo, um lugar de refúgio — um lar onde dois pecadores podem habitar pacificamente no conforto da misericórdia.

Recentemente, eu estava lendo como o casamento de Jonathan e Sarah Edwards chegou à meia-idade. A biógrafa, Elizabeth D. Dodds, observou que o casamento de Jonathan e Sarah foi um relacionamento profundo, duradouro e confortável:

> Já se disse bastante sobre a beleza do amor na meia-idade. Nessa época do casamento, os hábitos difíceis de um parceiro já foram aceitos ou não são mais notados, enquanto os aspectos preciosos do outro se tornaram tão fortemente parte da consciência a ponto de serem como imagens de plantas gravadas em uma pedra. As lembranças, tanto de momentos felizes quanto de tristezas suportadas juntos, estão coladas no casamento. Os laços entre as duas pessoas são ainda mais firmados pelos muitos anos de piadas compartilhadas e pelo conjunto comum de experiências. Nessa fase de um relacionamento, voltar à presença confortável do outro depois de estar entre muitas pessoas é estar descansado e em casa. Tudo isso só acontece depois de haver um profundo laço de amor.[1]

Não se encontra uma descrição melhor do impacto da misericórdia. A misericórdia vê os hábitos difíceis do outro, mas aprende a aceitá-los ou a esquecê-los. A misericórdia vê as

---

1 Elizabeth D. Dodds, Marriage to a difficult man: the uncommon union of Jonathan and Sarah Edwards (Laurel, MS: Audubon Press, 2005), p. 137.

tristezas suportadas como cola que une. Piadas são trocadas e experiências entesouradas. A misericórdia faz do voltar para o outro uma volta ao lar.

Mas você pode estar pensando: *Isso é ótimo, Dave, quando você é um puritano como Jonathan Edwards. O cérebro dele era maior do que meu carro, e sua esposa provavelmente caiu da Academia Angélica direto para o seio de seu lar. Essa não é a minha vida. Não estamos caminhando alegremente juntos rumo ao pôr do sol da meia-idade. Temos bagagem. Há raiva, ressentimento, contas inesperadas, promessas não cumpridas, sonhos desfeitos e crianças malcriadas. Como expressamos misericórdia quando nosso casamento exige tanto de nós e ainda é muito menos do que esperávamos?*

O PODER DA MISERICÓRDIA

A misericórdia não nos dá tudo o que queremos. Na verdade, a misericórdia não nos dá absolutamente nada. Ela faz um trabalho restritivo profundo. Ela previne a aplicação da punição mesmo quando a merecemos.

Jean Valjean, o protagonista de *Os miseráveis*, de Victor Hugo, entende o poder dessa misericórdia. Valjean é um ex-presidiário, desesperado e faminto. Então, um bispo piedoso chamado Charles-François-Bienvenu Myriel abre sua casa para que ele passe a noite. Em vez de receber esse ato de misericórdia com gratidão, Valjean vê uma oportunidade de roubar a prataria do bispo. Durante a noite, ele pega várias peças de prata e foge. Mas ele não vai longe. A polícia local o prende e marcha de volta à casa do monsenhor Myriel, onde, de acordo com os protocolos locais, ele é formalmente acusado do crime.

Naquele momento dramático, o futuro de Valjean pende na balança. Essa será sua segunda condenação por roubo, e isso significa prisão perpétua. Mas algo realmente surpreendente acontece. Ao ver Valjean sob custódia, o bispo exclama: "Ah! Ei-lo aqui! Estimo tornar a vê-lo. Mas eu não lhe dei também os castiçais? São de prata como os talheres e poderão render-lhe bem duzentos francos. Por que não os levou também?".[2]

A polícia observa desconfiada, mas o bispo tem um propósito divino. Ele não apenas decide dar a Jean Valjean o que ele roubou, mas também adiciona os castiçais de prata — os itens mais valiosos da casa! Valjean está de queixo caído, olhando sem compreender essa demonstração de misericórdia e graça imerecidas. Naquele momento, uma chave se aciona em seu coração. Essa bondade audaciosa se torna a chave para libertá-lo de uma prisão de amargura.

É isso que a misericórdia faz. Toma pessoas capazes de roubar prata — ou brigar por faturas e contas bancárias — e amplia sua visão. Ela crucifica as reivindicações do reino do eu e anuncia o novo reinado de um Salvador.

A cruz não ignora ou nega nosso pecado. Pelo contrário, encara corajosamente nossos piores momentos e, como o monsenhor Myriel, ela diz: "Sua história não termina aqui. A misericórdia escreve um novo capítulo!". Deparar com tamanha misericórdia nos muda e nos dá gosto para sermos igualmente misericordiosos.

---

2 Victor Hugo, Les misérables (London, 1864), p. 36 [edição em português: Os miseráveis (São Paulo: Cosac Naify, 2012), p. 172].

A PRÁTICA DA MISERICÓRDIA

Vamos mergulhar um pouco mais fundo. O que exatamente acontece para um cônjuge mostrar misericórdia como o monsenhor Myriel? Cinco coisas vêm à mente.

Primeiro, quando sou vítima do pecado, a misericórdia faz da reconciliação meu objetivo. A incrível misericórdia que recebi na cruz se torna o ponto de partida de como eu reajo quando meu cônjuge peca contra mim. O evangelho refreia minha indignação e senso de injustiça. Ele me lembra diariamente de que recebi uma misericórdia inesgotável e, portanto, devo transmitir essa misericórdia — inesgotavelmente.

Isso significa que, quando alguém peca contra mim — digamos, por exemplo, quem compartilha a cama comigo — meus objetivos mudam. Não estou tentando convencê-lo do pecado, porque o Espírito Santo fará isso. Não estou tentando fazer justiça, pois a justiça foi satisfeita na cruz. Eu nunca deveria condenar Kimm porque sinto que ela não atingiu o padrão de arrependimento que estabeleci. Em vez disso, porque Cristo atingiu o padrão de Deus, sua justiça foi creditada a ela (2Co 5.21).

O evangelho me acorda a cada dia com um lembrete bastante transformador: *Por causa de Jesus, não recebi o que merecia. Portanto, não vou manter minha esposa como refém até que ela receba o que (eu acho que) ela merece.* Posso aposentar meu policial interior, que está sempre patrulhando, procurando crimes e perseguindo para prender. Se eu discutir problemas ou pecados com Kimm, não o farei por minha satisfação ou vingança; farei isso, espero, em nome da reconciliação e do perdão. Recebi um perdão incrível, então meu objetivo deve ser perdoar.

Segundo, a misericórdia significa que eu olho para você com compaixão. Não o vejo mais por meio de seus pecados ou erros. Às vezes, queremos perdoar, mas mantemos o direito de suspeitar. Aceitamos as desculpas de nosso cônjuge, mas seu registro permanece. Já notou que é muito mais atraente guardar registros do que distribuir perdão? Isso porque é difícil abrir mão do poder que vem quando guardamos o histórico. Queremos ter o trunfo para que, caso seja necessário, possamos usá-lo e lembrar o pecador de tudo o que ele fez.

Ricardo diz que perdoou Sara. Ele diz isso constantemente, especialmente quando menciona todas as vezes que ela pecou contra ele. Sara pediu perdão, e Ricardo concedeu, mas apenas porque era a coisa "cristã" a se fazer. Quando Ricardo vê Sara, ele se lembra do pecado dela. Trazer isso à tona é outra maneira de puni-la por isso. Ricardo presume ser alguém que perdoa, mas na verdade é apenas um ressentido colecionador de registros em roupas cristãs.

Ao contrário de nós, Deus não guarda um registro dos erros (veja Sl 103.12; 130.3). Nossos pecados não estão gravados no disco rígido do céu para serem facilmente acessados. Deus não mantém nosso pecado na mesa do corretor para negociar nosso melhor comportamento. Como o Salmo 103.10 diz: "Não nos trata segundo os nossos pecados, nem nos retribui consoante as nossas iniquidades". Antes, ele perdoa.

Se é assim que Deus responde ao pecado, devemos também responder da mesma forma. Quando seu cônjuge peca contra você e pede perdão, é uma oportunidade de declarar não apenas o seu perdão, mas também o de Deus. É uma oportunidade de dizer: "Deus não vê você através de seus pecados e erros, e nem eu o farei. Deus não mantém um registro de seus erros, e nem eu manterei". Isso é mais do que simples gentileza. É uma misericórdia cara.

Terceiro, *misericórdia significa que eu aceito sua confissão sem questioná-la*. É improvável que eu consiga perdoar se esperar até que o pecador realmente caia em si e volte com uma confissão mais profunda e sincera. A verdade é que o perdão não é uma reação a uma confissão perfeita. Ele nasce de um coração misericordioso já pronto para perdoar. Meu coração está preparado para perdoar porque lembro que Deus já perdoou todos os meus pecados — mesmo aqueles que tenho dificuldade para confessar.

O chamado para perdoar não depende de seu cônjuge — ou qualquer pessoa, aliás — iniciar uma confissão. O texto de Marcos 11.25 deixa isso claro: "E, quando estiverdes orando, se tendes alguma coisa contra alguém, perdoai, para que vosso Pai celestial vos perdoe as vossas ofensas". A ideia de que não terei uma postura de perdão até que alguém se arrependa é tipicamente apenas uma forma espiritualizada de dizer: "Pague por seus pecados!" (veja Mt 18.28). Lembre-se de que a amargura em crentes casados costuma ser envolvida em trajes pseudoespirituais mais sutis.

Além disso, não há justificativa bíblica para julgar a sinceridade ou humildade da confissão de uma pessoa. Quanto mais torno meu perdão dependente da qualidade da confissão, mais me afasto da verdadeira misericórdia. Em Lucas 17.3,4, Jesus diz que se alguém me pedir perdão sete vezes em um dia, devo perdoar. Comigo, fico tentado a desistir na terceira ou quarta vez, entendendo que a pessoa deve calar a boca até ter um pouco mais de clareza e sinceridade. Mas isso é o que há de extraordinário e, às vezes, enlouquecedor na misericórdia: ela não fica contando pontos.

Quarto, a misericórdia inclui o amor, mas não tolera o mal. A misericórdia perdoa rapidamente, mas não permite um comportamento abusivo ou destrutivo. Embora não haja justificativa bíblica para julgar a sinceridade ou humildade de uma confissão, a Bíblia distingue entre a tristeza piedosa pelo pecado e a tristeza mundana por ser pego: "Porque a tristeza segundo Deus produz arrependimento para a salvação, que a ninguém traz pesar; mas a tristeza do mundo produz morte" (2Co 7.10). Em 2 Coríntios 7, Paulo está feliz por ter se mantido firme. Ele foi ousado e confrontador ao enviar a "carta triste" à igreja de Corinto, e ela produziu bons frutos — uma mudança real que os livrou de mais culpa (vv. 11,12).

Porque a misericórdia inclui o amor, ela se recusa a se submeter ao mal contínuo. Em nenhum lugar isso é visto tão claramente quanto nos casos de abuso. Se você é casado com alguém que está abusando de você física ou sexualmente, é extremamente importante lembrar-se disto: a forma mais elevada de amor não é a submissão silenciosa ao comportamento abusivo, mas a exposição ousada do mal como ele é. Por mais assustador que pareça ir a público e buscar ajuda, essa pode ser a única maneira de realmente despertar a pessoa viciada no abuso.

Uma coisa é certa: um cônjuge amoroso nunca ajuda uma personalidade abusiva contemporizando-a. Na verdade, algumas formas de egoísmo arraigado se alimentam da própria misericórdia e bondade que você demonstra com tanto desapego. O amor misericordioso não contemporiza tal comportamento; ele contesta a ilusão que o sustenta. Winston

Churchill disse uma vez: "O contemporizador é aquele que alimenta um crocodilo esperando que ele o coma por último". O apetite dos crocodilos nunca se satisfaz realmente. Se você vive com um crocodilo, chame o perigo pelo nome e peça ajuda.

Finalmente, misericórdia significa que serei paciente com sua imperfeição. A misericórdia não tolera o mal, mas, com a fraqueza, é longânime.

Sempre que pecadores se reúnem, as fraquezas são reveladas e a fragilidade é mostrada em destaque. Experimentamos a humanidade, as imperfeições e as limitações uns dos outros — luzes deixadas acesas, portas abertas, carros batidos e contas esquecidas. Nessas situações, ninguém está necessariamente pecando; somos apenas irritantemente fracos.

Quando as crianças eram mais novas, certa vez levei-as ao shopping. Veja bem, ir ao shopping uma vez é demais para mim. Entretanto, as crianças gostavam de shoppings, e queríamos passar um tempo memorável juntos. Mal sabia eu como isso se tornaria memorável, porque logo depois de chegar percebi que *meu telefone havia sumido.*

Um telefone perdido requer ação imediata. Convoquei uma reunião familiar e distribuí tarefas para cada criança. Dividimos o shopping em uma grade, e despachei cada filho para uma seção diferente para procurar onde poderia tê-lo deixado cair.

Seguindo algum protocolo estranho de telefone perdido em minha mente, fui até a segurança para relatar o sumiço, caso ele fosse entregue ao achados e perdidos. Enquanto eu estava lá, outro pensamento me ocorreu: *Por que dirigir até em casa, só para voltar ao terrível shopping para comprar outro telefone?* Então, fui até a loja de telefones e comprei outro celular.

Você sabe aonde isso vai dar, não sabe? Quando chegamos em casa, meu telefone idiota estava sobre a mesa.

Como você acha que uma esposa deveria reagir a isso?

Os homens sempre presumem que sabem como reagir. Nós, homens, somos especialistas em usar esses momentos para o que uma geração mais jovem chama de "modéstia masculina": "Querida, não falei que é por isso que Deus inventou bolsas com esses bolsos chiques? É como uma bolsa de canguru. Você pode guardar seu telefone bem ali!".

Mulheres como Kimm são muito mais diplomáticas. Não houve nenhuma lição, palestra ou ataques sutis ao meu esquecimento. Apenas uma risada que pôde ser ouvida por toda a vizinhança enquanto ela explicava para as crianças que essa era a maneira de Deus garantir que os homens sempre tivessem telefones novos. Eu tive que rir de mim mesmo. E, ao considerar a reação de Kimm, descobri mais uma vez que em um momento de fraqueza eu encontrara misericórdia.

Esses são momentos decisivos. Quando acontecem dessa maneira, eles temperam um casamento. Eles me ajudam a ver que não preciso ser perfeito. Ser esquecido não vai nos separar. No mínimo, fará minha esposa se divertir. E, enquanto rimos, lembro-me das palavras de Paulo aos fracos: "Exortamo-vos, também, irmãos, a que admoesteis os insubmissos, consoleis os desanimados, ampareis os fracos e sejais longânimos para com todos" (1Ts 5.14).

O objetivo da misericórdia é a reconciliação. A misericórdia olha com olhos de compaixão. A misericórdia aceita a confissão. A misericórdia não tolera o mal. A misericórdia é paciente. Mas o que acontece quando convenientemente esquecemos as palavras de Paulo sobre misericórdia?

SEM MISERICÓRDIA, SOU UM EXECUTOR

Sem misericórdia, nunca veremos nosso cônjuge como algo mais do que um projeto incompleto ou um pagão. Sem misericórdia, o casamento fica reduzido a disputas sobre impostos e assentos de privada até que uma nova categoria — "diferenças irreconciliáveis" — surja impiedosamente.

Alguns que estão lendo isto estarão familiarizados com a parábola do servo impiedoso em Mateus 18.28. O homem acabara de receber o perdão de uma dívida enorme, mas, quando encontrou um conservo que lhe devia uma quantia menor, ele exigiu a execução da penalidade pela dívida menor. O servo impiedoso presumiu que tinha o direito de se vingar.

Aqui está a verdade: todas as pessoas casadas na história já foram vítimas de pecados de seus cônjuges. E, quando somos vítimas do pecado, instintivamente sentimos que temos o direito de atribuir culpa e executar uma penalidade. Assumimos que nosso status de ofendido nos dá o direito de exigir vingança. Tornamo-nos executores. Cobradores.

Felizmente, no entanto, esses momentos não precisam nos definir. Por quê?

Porque a cruz nos livra da necessidade de executar o castigo. Como? Nivelando o terreno. A cruz nos lembra de que Deus nos perdoou uma dívida incompreensível.

No coração do evangelho está nossa própria grande injustiça. Mas aquele que realmente é o executor — o próprio Grande Juiz — optou por não executar a penalidade por nossos pecados. Em vez disso, ele suportou aquela penalidade na cruz: "Aquele que não conheceu pecado, ele o fez pecado por nós; para que, nele, fôssemos feitos justiça de Deus" (2Co 5.21).

A única maneira de abandonar a mentalidade do executor é reforçando essas boas-novas. Lembrar que você foi perdoado da dívida maior libertará você da necessidade de se vingar pelos pecados infligidos a você. Porque recebemos perdão, podemos perdoar livremente.

SEM MISERICÓRDIA, SOU IRRECONCILIÁVEL

"Irreconciliável" é uma daquelas palavras que você não pode simplesmente dizer às pessoas sem explicar. Significa alguém que guarda rancor, alguém impiedoso e implacável. Pense nisso como uma forma mais sofisticada de acumular amargura. Criamos uma apologética interna explicando por que não precisamos nos reconciliar.

Mas é perigoso — *muito* perigoso.

Não faz muito tempo, eu estava conversando com alguém que achava que eu tinha pecado contra ele. Na verdade, acho que ele tinha razão. Imediatamente confessei meu pecado e pedi perdão. Mas ele disse que não poderia me perdoar porque havia muito mais pecado para eu ver. Para ele, minha confissão não foi o desabrochar de uma graça digna de ser celebrada, mas uma erva daninha com uma rede de raízes enramadas. Todo o meu complexo pecaminoso precisava ser desenterrado e tratado com o inseticida de suas observações. Envolver outros conselheiros ao longo do caminho não ajudou, pois eles não podiam ver a vastidão do meu pecado ou concordar que fosse um motivo para permanecer irreconciliável. Ele não poderia me perdoar.

Tiago diz: "Confessai, pois, os vossos pecados uns aos outros" (Tg 5.16). A confissão é bela e bíblica, mas o que fazemos quando a confissão apenas aprofunda a divisão? Longe de nos levar à reconciliação, minha confissão apenas confirmou o que ele há muito suspeitava. Meu reconhecimento de um pecado significava que eu era culpado de tudo o que ele me acusara. A verdadeira reconciliação só poderia acontecer, em sua opinião, se eu admitisse toda a lista de pecados que ele atribuiu a mim. E, para essa querida alma, aquela lista fora considerada por muito tempo e era estonteante em seus detalhes. Então, ele não está disposto a se reconciliar.

O que você faz quando alguém, talvez até seu cônjuge, considera seus motivos irredimíveis e se recusa a fazer as pazes? Quando ele é irreconciliável? Talvez essa seja uma pergunta real para você ou para alguém que você está tentando ajudar agora. Como Deus lida com um cônjuge ou ex-amigo que foi condenado à Sibéria relacional por causa de um rancor?

Temos a tendência de pensar em "consertar" o problema por meio de mais conversas, reconhecendo o que for possível, repetindo nossa perspectiva e ouvindo a outra parte. Podemos fazer isso *ad nauseam* com a esperança de que a outra parte venha a concordar totalmente com nossa perspectiva. No entanto, algumas pessoas têm uma tendência teimosa de reter o perdão até que seu cônjuge (ou quem quer que seja o suposto infrator) endosse totalmente sua visão dos eventos.

O apóstolo Paulo adota uma abordagem diferente. Vamos explorar duas passagens que nos dão sua perspectiva.

Primeiro, em 2 Timóteo 3.1-9, o apóstolo dá uma lista dos diversos tipos de pessoas ímpias que andarão pelo mundo nos últimos dias. Uma palavra identifica aqueles que são "homens de todo corrompidos na mente, réprobos quanto à fé" (3.8). A palavra grega *aspondos* é usada no versículo 3 e, basicamente, descreve aqueles que não desejam se reconciliar. Alguém que é implacável (ARA), incapaz de se controlar (NTLH), irreconciliável (NVI) ou incapaz de perdoar (A21). Essa palavra fala de uma "hostilidade que não admite tréguas".[3] Essa é uma pessoa — marido, esposa, amigo ou inimigo — que afirma ser cristã, mas resiste aos esforços de reconciliação e alega que está obedecendo a Deus ao fazê-lo. Em outras palavras, nesta área da vida, essa pessoa está agindo como um descrente ou um hipócrita que não está ouvindo a Jesus porque só consegue ouvir a si mesmo.

Aqui está uma distorção diferente. Em 2 Coríntios 2.5-11, um homem pecou gravemente. Esse pecador se arrependeu sinceramente, mas a igreja não aceitou seu arrependimento. Então Paulo interveio para fazer um apelo em favor desse homem. Ele diz que esse pecador arrependido está à beira de ser consumido. Como resposta, a igreja de Corinto devia "[reafirmar] o amor que têm por ele" (v. 8, NVI). Eles deveriam perdoar esse homem assim como ele pediu. Tudo isso deve ser feito "para que Satanás não alcance vantagem sobre nós, pois não lhe ignoramos os desígnios" (v. 11).

De acordo com essa passagem, um artifício maligno do inimigo — uma estratégia que ele emprega — é convencer os crentes de que eles não precisam responder aos pecadores arrependidos com perdão. E a questão persistente passa a ser a *nossa* avaliação da confissão do ofensor. Presumimos que

---

[3] Donald Guthrie, The Pastoral Epistles, Tyndale New Testament Commentaries (Grand Rapids: Eerdmans, 1990), p. 174-75 [edição em português: 1 e 2 Timóteo e Tito, Série Cultura Bíblica (São Paulo: Vida Nova, 2020)].

a outra parte não é genuína; suspeitamos que ela ainda não alcançou a métrica real do arrependimento autêntico. Bloqueamos a reconciliação presumindo que podemos enxergar seu coração e discernir sua falta de sinceridade.

Márcio e Sheila ficam ofendidos porque seus amigos os feriram. Quando esses amigos sugeriram uma reunião para discutir o que aconteceu, Márcio e Sheila fecharam a porta. Eles fazem os gestos de perdão costumeiros e aceitam as desculpas, mas a história do ocorrido não está em discussão. Essa história, infelizmente, permite que eles continuem como vítimas e irreconciliáveis, mesmo afirmando que perdoaram seus amigos. Márcio e Sheila criaram uma maneira de lidar com as feridas que diz: "Eu te perdoo, mas nunca seremos amigos de novo". Para eles, perdão não significa reconciliação. É uma proteção contra o relacionamento, não sua restauração.

Sim, existem situações em que devemos distinguir entre perdão e relacionamento, perdão e confiança, ou perdão e reconciliação. Uma esposa abusada pode perdoar o marido, mas isso não significa que ela é obrigada a voltar para casa imediatamente. A confiança deve ser restaurada primeiro. Um executivo pode perdoar um funcionário que desviou dinheiro, mas esse perdão não protege o emprego do pecador. Ele será perdoado e despedido. Por quê? O perdão está presente, mas a confiança não. Nesses casos, a verdadeira misericórdia perdoa e age com sabedoria. Não coloca o abusador ou o estelionatário de volta em situações para as quais não está preparado ou em relacionamentos em que não houve tempo suficiente para reconquistar a confiança.

Essas são distinções importantes, mas são exceções.

Distorcer as Escrituras para permanecer irreconciliável é mais comum. E fica pior a cada ano que passa. Cada vez que usamos a carta "irreconciliável", esquecemos as palavras de nosso Salvador: "Acautelai-vos. Se teu irmão pecar contra ti, repreende-o; se ele se arrepender, perdoa-lhe. Se, por sete vezes no dia, pecar contra ti e, sete vezes, vier ter contigo, dizendo: Estou arrependido, perdoa-lhe" (Lc 17.3,4).

Confessar sete vezes por dia dificilmente parece arrependimento. Mas não é nosso trabalho analisar a alma de alguém e julgar a qualidade de sua confissão. Nosso trabalho é manter um coração rápido para responder às confissões sinceras e que espera bons frutos da vida de pessoas arrependidas. Sábio é o casal que erra por perdoar, em vez de arriscar a rápida decadência espiritual dos *aspondos*! Acho que é por isso que Jesus abriu a passagem dizendo: "Acautelai-vos" – prestem atenção em si mesmos. Richard Baxter descreveu a magnitude do perdão de Cristo da seguinte maneira:

> Jesus Cristo veio para perdoar pecados e cobrir as enfermidades de seus servos, bem como para deixar os pecados para trás nas profundezas do mar e enterrá-los em seu túmulo. É o trabalho do censurador ajuntá-los e trazê-los à luz.[4]

Se você está lendo esta seção e percebe que está censurando seu cônjuge, revirando seus pecados repetidamente porque ele realmente magoou você, lembre-se da distinção já

---

4 Richard Baxter, A Christian directory, part IV: Christian politics, sec. 24.3.7, em: The practical works of Richard Baxter: with a preface, giving some account of the author, and of this edition of his practical works: an essay on his genius, works and times: and a portrait, vol. 1 (Londres, 1838), p. 864.

feita: *o perdão é concedido livremente; a confiança requer tempo.* Um verdadeiro coração perdoador abre oportunidades para a confiança, em lugar de excluir o pecador por falta de confiança.

Como você reage quando é vítima do pecado? A maneira pela qual respondemos a essa pergunta-chave é muito importante. Na verdade, eu daria um passo adiante. *A forma como respondemos ao pecado revela nossa verdadeira compreensão do evangelho.*

MISERICÓRDIA PARA O CÔNJUGE CANSADO

Talvez a maior ameaça à misericórdia não seja nos tornarmos um executor ou sermos irreconciliáveis, mas simplesmente nos cansarmos. Há uma fadiga corrosiva que surge quando começo a me cansar da imperfeição de meu cônjuge. E quanto a você? Está cansado dos pecados de outra pessoa? Ou exausto por não ser perdoado por um cônjuge? João Calvino diz: "[Cristo] declara expressamente que não deve haver limite para o perdão; pois ele não pretendia estabelecer um número fixo [de vezes para perdoar], mas, sim, ordenar-nos que nunca nos cansássemos".[5]

Fico imaginando se foi o cansaço que contribuiu para a atitude do servo impiedoso. Talvez ele tenha simplesmente se cansado de ter alguém em dívida com ele. Ele esqueceu o que deveria ter lembrado (que havia sido perdoado de uma grande dívida) e lembrou o que deveria ter esquecido (que uma dívida menor lhe era devida).

---

5 John Calvin, A commentary on the harmony of the evangelists, Matthew, Mark, and Luke, tradução de William Pringle (Edimburgo, 1865), p. 364.

A fraqueza de nosso cônjuge pode ser significativa, e a mudança pode ser lenta, às vezes até imperceptível. O marido pode nunca se sentir confortável em compartilhar seus sentimentos de uma forma que satisfaça plenamente a esposa. A esposa pode nunca demonstrar a mesma capacidade do marido para administrar aquela parte particularmente enfadonha da casa. Sem piedade para a fraqueza, aquelas áreas banais nas quais a mudança é ínfima podem se tornar em imensos ressentimentos.

Você sabe que está ficando cansado quando começa a se sentir assim: "Senhor, por que você me deu *ele* com toda essa bagagem ou *ela* com todas essas limitações?".

O chamado aqui não é para engolir isso e apenas suportar seu cônjuge. A resposta é olhar mais uma vez para a sua dívida perdoada. Seja novamente inspirado pela paciência, tolerância e bondade de Deus. Então, como Paulo escreve aos Colossenses:

> Revesti-vos, pois, como eleitos de Deus, santos e amados, de ternos afetos de misericórdia, de bondade, de humildade, de mansidão, de longanimidade. Suportai-vos uns aos outros, perdoai-vos mutuamente, caso alguém tenha motivo de queixa contra outrem. Assim como o Senhor vos perdoou, assim também perdoai vós; acima de tudo isto, porém, esteja o amor, que é o vínculo da perfeição.
> (Cl 3.12-14)

Essa misericórdia é linda porque acomoda duas pessoas, uma em frente à outra, para dizerem: "Meu amor por você nunca será condicionado a mudanças em sua área de fraqueza. Deus tem sido paciente comigo. Eu fui chamado para ser paciente com você!".

No clássico *Moby Dick*, Herman Melville nos convida a entender a mente de Queequeg. Ele é um adorador de ídolos que passa um dia inteiro em jejum e humilhação diante de seu pequeno deus Yojo. Escrevendo do ponto de vista de Ishmael, Melville descreve o cansativo absurdo do Ramadã de Queequeg e a misericórdia silenciosa de Ishmael ao se conter para não repreender o idólatra. Mas uma frase se destacou para mim como particularmente sagaz: "Que o céu tenha misericórdia de nós – presbiterianos e pagãos –, pois temos todos de alguma maneira uma rachadura na cabeça e, infelizmente, precisamos de remendo".[6]

É uma verdade inegável. A única questão é se a conhecemos ou não. Para aqueles de cabeça rachada que precisam do remendo da misericórdia, há notícias maravilhosas. Temos isso em Cristo. E agora, por meio dele, passamos a misericórdia adiante.

Você vê o papel da misericórdia na longevidade do seu casamento? Talvez você esteja pensando: *Dave, já ouvi tudo isso antes. Fiz vista grossa ao pecado até que infestasse cada canto de nossa casa. A misericórdia foi testada e encontrada em falta. Simplesmente não funciona!*

Recentemente, eu estava lendo um livro de Andy Crouch quando encontrei uma citação impressionante. Sua observação, dirigida às instituições sociais, tem aplicação inegável também para a instituição do casamento:

---

6 Herman Melville, Moby Dick (Boston: St. Botolph Society, 1922), p. 82 [edição em português: Moby Dick (São Paulo: Cosac Naify, 2013)].

> É impressionante a consistência com que mesmo as histórias das instituições mais complexas resumem-se aos seus administradores, aqueles que, no melhor dos casos, suportam as dores e imperfeições da instituição, perdoando-a e servindo-a. É impressionante a frequência com que o destino das instituições depende de poucas pessoas e de seu próprio caráter pessoal, *o quanto até mesmo uma pessoa pode inclinar a balança para uma injustiça devastadora ou para uma redenção abundante*. E é incrível como muitas vezes os administradores mais confiáveis são aqueles que experimentaram pessoalmente o pior que a idolatria e a injustiça podem fazer.[7]

Você é um fiel administrador de seu casamento, suportando sua dor e imperfeição enquanto perdoa e serve a seu cônjuge? Ou você é mais um consumidor queixoso, guardando um registro de todas as maneiras pelas quais a instituição não está atendendo às suas necessidades? Em Colossenses 3, somos chamados a ser administradores misericordiosos, repassando resolutamente à instituição o dom que recebemos gratuitamente: "perdoai-vos mutuamente, caso alguém tenha motivo de queixa contra outrem. Assim como o Senhor vos perdoou, assim também perdoai vós" (v. 13).

Lembre-se de que um cônjuge com coragem para demonstrar a notável misericórdia de Deus pode "inclinar a balança [...] para uma redenção abundante" no casamento. Pare por um segundo e pense nisso. *Esse cônjuge pode ser*

---

[7] Andy Crouch, Playing God: redeeming the gift of power (Downers Grove, IL: InterVarsity, 2013), p. 219-20, ênfase adicionada.

você. A aventura de inclinar a balança pode começar hoje, agora mesmo.

Cristo nos deu misericórdia para que fosse compartilhada. E, para aqueles que conseguem dar um beijo de boa-noite em um pecador mesmo tendo sido vítima do pecado, o casamento se torna resiliente – uma instituição durável. Porque um dia eles acordam transformados em administradores de um presente mais valioso do que sequer ousaram imaginar. Uma união resplandecendo com as boas-novas do que realmente acontece quando a misericórdia triunfa sobre o julgamento.

MOMENTO DECISIVO 6: QUANDO VOCÊ ENTENDE A MISERICÓRDIA

Cada pessoa casada na história já foi vítima do pecado de seu cônjuge. Quando somos vítimas do pecado, instintivamente sentimos que temos o direito de atribuir culpa e executar uma penalidade. Mas há uma opção diferente nesses momentos. Porque Deus nos mostrou grande misericórdia, podemos mostrar misericórdia ao nosso cônjuge.

	O MOMENTO	NOSSA RESPOSTA
A decisão pela verdade	Quando meu cônjuge pecar contra mim, sentirei a necessidade de condená-lo pelo pecado ou exigir justiça pelo que ele fez?	*Ou* permitirei que o evangelho refreie minha indignação e senso de injustiça, lembrando-me da misericórdia inesgotável que recebi para que possa transmiti-la?
O custo exigido	Quando meu cônjuge pecar contra mim, manterei um registro de seus erros?	*Ou* suportarei o custo do perdão?
A oportunidade de exaltar a Deus	Permitirei o comportamento abusivo ou destrutivo de meu cônjuge?	*Ou* afastarei a tristeza mundana e verei que a forma mais elevada de amor não é tolerar o abuso físico ou sexual, mas expor seu mal?
Como isso edifica a alma	Quando eu experimentar a fraqueza de meu cônjuge, lhe darei um sermão? Quando eu experimentar a fraqueza de meu cônjuge, lhe darei um sermão?	*Ou* terei paciência e senso de humor com suas falhas?
Como isso define nosso destino	Verei meu cônjuge como nada mais do que um projeto incompleto ou um pagão? Meu casamento ficará reduzido a brigas sobre nossas diferenças irreconciliáveis?	*Ou* verei o papel da misericórdia na longevidade do nosso casamento?

CAPÍTULO 8

Momento decisivo 7: Quando você descobre que o sexo muda com a idade

O cara estava empoleirado em um banquinho no balcão da cafeteria Starbucks. Ele tinha mais de setenta anos. Seu conselheiro — quase certamente um pastor — estava sentado ao seu lado, falando em voz baixa. Mas o cara definitivamente não estava sussurrando. E aqui está o que tornou tudo ainda mais estranho: a conversa era, *sem dúvida*, sobre sexo.

Para que fique registrado, se espionar é ouvir *secretamente* uma conversa, não tenho culpa. Junto com o resto da clientela da cafeteria, eu estava ouvindo *abertamente*. Deus abençoe essa pobre alma. De alguma forma, ele viveu sete décadas e ainda não encontrou o botão de volume em sua língua. Tenho certeza de que você já viu esse cara ou alguém como ele. Eles falam em uma espécie de bolha que distorce a realidade, sem saber que sua voz normal de conversação pode preencher cada centímetro habitável de um quarteirão. Coloque um telefone em suas mãos e isso praticamente lhes dará um superpoder — a capacidade de prender a atenção de todos em um raio de um quilômetro quadrado e atrapalhar suas conversas. Espiritualmente falando, é o dom de ser um incômodo.

"Nós fizemos votos!", ele fervilhava, batendo no balcão para dar ênfase. "Ela tem a obrigação de entregar aquilo de que preciso. Uma vez por dia não é demais!" O conselheiro estava tentando acalmá-lo, mas o homem não se calava. E estava só começando. "Eu não deveria ter que viver dessa maneira. Essa é uma ofensa passível de divórcio!"

Ouvi-lo era uma experiência conflitante. Parte de mim sofria com a forma como aquele homem estava distorcendo seus votos de casamento em uma exibição evidente de egocentrismo. Como se dizia antigamente, o que faltava nele era muita coisa. Outra parte de mim só queria cutucar seu ombro para obter detalhes. "Perdoe-me, mas, falando sério, você tem setenta anos e quer sexo uma vez por dia... *Que tipo de vitaminas você toma?*"

A melhor parte de mim viu o quadro completo. Não era preciso ser profeta para ver que os problemas desse casal iam além da frequência sexual. Seus problemas não eram realmente sobre votos, libido, frigidez ou dever marital. Porém, o sr. "Uma-vez-por-dia" não era muito diferente da maioria das pessoas casadas. Quer seja marido ou esposa, jovem ou velho, rico ou pobre, saudável ou enfermo, todos podemos nos identificar com o desejo de ter uma vida sexual diferente da que estamos experimentando.

Por que isso acontece? O que você diria se fosse aquele conselheiro na cafeteria? (Além de: "Por favor, pelo amor de tudo o que é mais sagrado neste mundo, abaixe sua voz"). E isso mudaria se o homem fosse mais jovem, talvez na casa dos trinta, quarenta, cinquenta ou sessenta anos? Eu sei que provavelmente é difícil para os leitores recém-casados entenderem, porque agora é impossível separar alguns de vocês. Mas há mudanças significativas que acompanham o envelhecimento e tornam o sexo mais delicado e difícil. Se alguém vive o suficiente, o sexo pode ficar restrito a memórias queridas. Descobrir essas mudanças — que podem incluir o fim de sua vida sexual — é um momento decisivo.

Nossa disposição para adaptar nossas expectativas sexuais às mudanças da vida revela algo sobre nossa alma. Mas qual é o nosso padrão para mudança de expectativas? Honestamente, a Bíblia é relativamente silenciosa sobre o assunto de sexo e envelhecimento. Então, por onde começamos? Clichês não bastam. Sexo é algo muito íntimo e importante para ser reduzido a trivialidades. No momento em que percebemos que o sexo no futuro pode ser diferente do sexo no passado, como devemos nos sentir? Aliviados? Violados? Tristes? Atormentados por desejos sentimentais?

Se você me permite, gostaria de passar adiante algumas coisas que aprendi em meus anos de estudo, aconselhando e perguntando a outras pessoas e sendo casado há quase quatro décadas. Sem cerimônias, vamos apelidar essa informação de "A alma sábia e o envelhecimento do sexo". Mas, primeiro, deixe-me dizer algo sobre o formato deste capítulo.

Depois de cada ponto principal, incluí uma seção chamada "Conversa sábia", onde apresento algumas sugestões simples de como você e seu cônjuge podem discutir o material. Por quê? Porque a sabedoria é inútil se não for aplicada. E, sejamos honestos, é muito mais fácil ler ou pensar sobre sexo do que falar a respeito. O casamento é uma aventura em unidade, e unidade requer comunicação. Pode parecer estranho começar, mas Deus age em casais de maneiras profundas quando eles abrem suas almas para discutir coisas que realmente importam. Portanto, tenha paciência comigo e experimente. Então, veja o que Deus fará!

A ALMA SÁBIA SABE... SEXO É UMA PARTE, NÃO O TODO

Apenas para que nossos termos fiquem claros, a verdadeira intimidade não precisa incluir sexo. Em um mundo caído, e especialmente em uma era de individualismo expressivo, nossos desejos pecaminosos instintivamente movem o sexo para o centro. Para o crente, porém, intimidade não é equivalente a sexo. Antes, ela é ajudada pelo sexo da mesma forma que meu telefone é ajudado quando uma nova torre de celular é construída. Graças à minha atual operadora, morar na Flórida significa viver cada dia com um sinal fraco. Isso dificilmente se qualifica como uma aflição, mas enfraquece minha conexão com outras pessoas. Uma nova torre de celular no local certo torna a conexão forte. O sexo é uma nova torre de celular para a intimidade. Ele aproveita nosso senso do terna afeição e o estimula por meio do deleite compartilhado entre marido e mulher. Sim, as pessoas podem viver sem toda a potência do sinal de telefone, e alguns casais são forçados a viver totalmente sem sexo. Mas ter esse estímulo é bastante agradável.

O casamento é mais do que sexo, muito mais. Entretanto, no que se refere aos benefícios adicionais, o sexo é algo muito bom. Não é difícil entender por que um casamento privado de sexo encontra dificuldades. Penso que é por isso que Paulo é tão direto com os casais coríntios: "Não vos priveis um ao outro", ele exorta (1Co 7.5). Ele simplifica: "O marido conceda à esposa o que lhe é devido, e também, semelhantemente, a esposa, ao seu marido" (7.3). Aparentemente, o sexo é tão essencial para casamentos saudáveis que Deus não hesitou em usar um homem solteiro para nos lembrar disso. Importante? Sem dúvidas. Mas uma vida sexual de tirar o fôlego é sinônimo de um casamento saudável? Nem de longe.

A soma de nosso casamento é maior do que o uso de nossas partes.

Essa frase não é apenas um trocadilho. Mesmo entre os casais cristãos piedosos, o sexo encontra maneiras de se tornar o centro e faz com que a parte (ou as partes) pareça o todo. Acontece quando o sexo é ótimo; acontece quando o sexo é defeituoso e precisa de conserto. Um período de abstinência dificilmente nos faz pensar menos sobre sexo. Durante um furacão no ano passado, ficamos sem água por dias. Aprendemos imediatamente que a interrupção de algo essencial basicamente torna isso o centro da atenção. Mal passava uma hora sem que estivéssemos pensando em água — sonhando com chuveiros quentes, torneiras escorrendo e gelo fresco —, tudo porque estávamos sem água.

Lembro-me de ter uma conversa bastante comovente com um homem de quase setenta anos. De maneira muito humilde, honesta e inteligente, ele descreveu a desaceleração de sua vida sexual e algumas das maneiras pelas quais Deus estava agindo neles como casal. A conversa aconteceu ao final de um seminário enquanto as pessoas circulavam, então aproveitei a oportunidade para perguntar: "O que você gostaria de dizer às pessoas casadas mais jovens neste salão sobre como se preparar para o que vão experimentar?". Vou parafrasear sua resposta: "Não reduza a união ao sexo. Certifique-se de que sua sexualidade inclui comunicação, intimidade e afeto. Porque pode chegar o dia em que o sexo fique de lado. O que permanece são as outras coisas que você valorizou".

Meus amigos, muitos de nós simplesmente não percebemos quantos casais vivem em frustração incrível porque desejam sexo consistente com o cônjuge, mas algo está errado.

Talvez um furacão tenha atingido seu relacionamento, ou talvez o encanamento simplesmente não esteja funcionando direito. O sexo é delicado e facilmente abalável.

Quantos cônjuges, por razões compreensíveis como mudanças hormonais e físicas, abuso passado ou infidelidade recente, têm dificuldade em responder à iniciativa sexual a ou se sentir sexualmente atraente? É o paradoxo do sexo. Quando está indo bem, pensamos muito nele e queremos proteger a cadeia de abastecimento. Quando não está, é como a criança com problemas na família que domina nossa atenção porque está indo mal. Acho que o ponto que estou destacando é que, em quase todas as épocas da vida, o sexo tem uma forma de se esgueirar para o centro.

CONVERSA SÁBIA

A conversa sábia considera o passado. O passado tem uma influência poderosa em como pensamos sobre sexo no presente. Com frequência, ele molda o papel que o sexo desempenha no casamento. Você consegue identificar alguma forma positiva de acordo com a qual o passado influenciou o seu pensamento sobre sexo? Deus, muitas vezes, nos surpreende com delícias escondidas no quarto. Você consegue descrever para o seu cônjuge uma maneira específica como Deus o surpreendeu? Faça também o inverso. O passado obscureceu o lugar da sexualidade saudável de alguma maneira? Que frutos ruins você consegue localizar? Não tenha medo de encarar a imperfeição de frente. Deus é maior, e sua graça corre sobre nós quando abrimos nossas almas de maneira tão íntima. Acheguem-se a Deus juntos. Ele está presente e pronto para abençoar seus passos humildes em direção a ele (Tg 4.6).

A ALMA SÁBIA SABE... NÃO EXISTE NORMAL

Esqueça o normal. Ele não ajuda. Não se trata aqui de defender o sexo anormal, seja ele qual for, ou de fixar nossas expectativas em terremotos extraordinários de orgasmo que constantemente aumentam na escala Richter. Estou simplesmente dizendo que não existe uma situação normal. "Normal" define o que geralmente acontece. Trata do que é padrão ou habitual. Mas, se você supõe que há algo normal ou normativo na vida sexual de um casamento duradouro, você está contrabandeando algumas suposições inúteis.

Primeiro, presumir que há um "normal" estabelece padrões fora da realidade de seu casamento específico. Nem todas as suposições são ruins. Por exemplo, como regra geral para aconselhamento pré-marital, é bom saber que os homens ficam prontos para o sexo mais rapidamente do que as mulheres. Mas o sexo surge de uma convergência de fatores que variam com a idade. Nossos corpos mudam. Nossos desejos mudam. Nossa química muda. Nossa saúde muda. Nosso ambiente muda. Nossas necessidades mudam. Nossa resiliência muda. E nossa energia definitivamente muda. Para seguirem fortes, os casais precisam antecipar essas mudanças juntos e marcá-las como um convite de Deus para definir "normal" de uma forma que se adapte e sirva ao seu casamento em particular.

Sexo ofegante e apaixonado até a velhice não é uma promessa bíblica... Ou talvez sequer uma expectativa razoável. Independentemente do que dizem os estudos, o sucesso sexual não pode ser definido independentemente dos indivíduos de um determinado casamento. Como observou um autor: "Os cristãos devem reconhecer que os 'cientistas' com pranchetas que observam outras pessoas fazendo sexo não possuem uma percepção realmente firme do que significa algo *normal*".[1]

Segundo, a ideia de "normal" cria expectativas desnecessárias no casamento. A frase "A maioria das pessoas na nossa idade ou situação faz isso" pode se tornar uma ferramenta de condenação, uma clava que brandimos em favor de nosso próprio benefício egoísta. Aquele senhor mais velho sobre quem falei no início deste capítulo, que estava batendo no balcão da cafeteria Starbucks e exigindo sexo diário, provavelmente estava agindo com base em alguma visão egoísta do que é normal. Expectativas concebidas em algum momento da jornada permaneceram insatisfeitas, revelando um coração que amava o ato sexual mais do que sua esposa. O que se seguiu você sabe, seu coração exigente foi o centro das atenções em uma cafeteria. Se sua esposa estivesse lá, tenho certeza de que ela teria uma história diferente para contar.

Quando as expectativas conduzem nosso relacionamento físico no casamento, a intimidade evapora. Em seu lugar aparecem a culpa e a vergonha ("não estou fazendo o que deveria") ou a raiva ("*meu cônjuge* não está fazendo o que deveria"). O sexo nunca será prazeroso ou duradouro quando conduzido pelas demandas de um, em vez do prazer de dois.

---

[1] Douglas Wilson, Reforming marriage (Moscow, ID: Canon Press, 1995), p. 83 [edição em português: Reformando o casamento (Recife: CLIRE, 2013)].

CONVERSA ⚭ SÁBIA

O normal não pode ser prescrito. Antes, deve ser definido por meio de uma conversa regada a oração e cuidado. Conversem sobre que tipo de ritmo serve melhor ao seu casamento atualmente. A conversa só pode ser sábia quando acontece, portanto, não deixe de discutir esse assunto por ser delicado. Convidem um ao outro para comentar honestamente sobre a frequência de vocês. Está definida no nível certo? Por quê? Por que não? Não acuse. Faça perguntas e ouça a resposta de seu cônjuge. Lembre-se de que sexo é um tópico de conversa que Deus já iniciou conosco em sua Palavra. Então, aja com confiança, crendo que Deus deseja abençoar suas tentativas de compreender e amar um ao outro de formas melhores.

A ALMA SÁBIA SABE... INTIMIDADE DURADOURA REQUER GRAÇA DURADOURA

> Segundo a graça de Deus que me foi dada, lancei o fundamento como prudente construtor; e outro edifica sobre ele. Porém cada um veja como edifica. (1Co 3.10)

Deus deu a Paulo um grande dom — uma habilidade e poder infundidos pelo Espírito — para incutir doutrina nos cristãos, edificar cristãos para as igrejas e edificar as igrejas para a missão de Deus. Deus também deu aos crentes casados um grande dom — uma grande graça. É a capacidade e o poder dotados pelo Espírito de construir um casamento saturado pela graça, marcado por intimidade duradoura. A graça vem embutida na aliança do casamento. No momento em que um casal diz "sim", Deus começa a trabalhar intensamente para o sucesso de seu casamento. Esse sucesso inclui graça para que os cônjuges se tornem mais íntimos à medida que envelhecem.

Um bom casamento não precisa que o sexo seja o centro. Um bom casamento não precisa de uma vida sexual carregada de expectativas. Um bom casamento — e um bom sexo, a propósito — precisa de muita graça. A graça não apenas nos salva; ela fica conosco para a lua de mel e os anos que se seguem (Tt 2.11-15). A graça também tem voz. Para os cônjuges que buscam desfrutar sexualmente um do outro por muito tempo no porvir, a graça diz algumas coisas específicas que vale a pena ouvir.

Primeiro, a graça diz: "Minha visão de bonito e belo é meu cônjuge" (Ct 1.15,16; 4.7). Uma coisa que me impressiona sobre o Cântico dos Cânticos, livro frequentemente esquecido do Antigo Testamento, é como Salomão e sua noiva estão diretamente focados um no outro. Rostos e formas são oferecidos com descrições tão vívidas que alguém pode se perguntar qual seria a classificação indicativa para o livro. Esse livro me lembra uma canção popular de quando eu era criança: "I only have eyes for you" ["Só tenho olhos para você"]. Quando nossos olhos estão corretamente fixados em nosso cônjuge, as definições culturais de beleza tornam-se quase irrelevantes. A beleza, como diz o ditado, está nos olhos de quem vê.

A graça torna nosso cônjuge incrivelmente belo para nós, e é ela que o mantém assim pelo resto de nossas vidas. Quer fique lindo em uma roupa de banho ou em uma cadeira de rodas, a graça embeleza nosso cônjuge para nós. Ela ajuda a nos aprofundarmos cada vez mais no amor, mesmo quando a idade executa sua vingança contra nossa aparência. De que outra forma se pode explicar o fenômeno de belas mulheres que se casam com homens que têm rostos que apenas uma mãe poderia amar? A graça explica o espanto que existe desde a era dos dinossauros: "Como ele conseguiu ficar com ela?". A graça embeleza o que contempla.

Em seguida, a graça diz: "O passado deve ficar no passado". Para os recém-casados, a recepção do casamento é uma distração da missão pós-cerimônia — ficar a sós, sem roupa e começar a festa o mais rápido possível. Uma cerimônia de casamento oferece muitas delícias, mas poucas são tão doces quanto a permissão divina e da comunidade para fazer sexo, bastante sexo (ou pelo menos tentar). E por que não? Desfrutar sexualmente um do outro é lindo e natural, um presente de casamento sagrado de nosso Pai celestial. Os anos de recém-casados se tornam uma aventura de explorar o corpo um do outro e desfrutar das delícias que vêm quando desembrulhamos o presente do sexo (Pv 5.18,19).

Sim, abuso, parceiros anteriores, vergonha, desinformação e expectativas erradas muitas vezes tornam essa união muito mais complicada do que a indústria do entretenimento nos faz pensar. Mas a maioria dos casais vê o casamento como um novo começo e deseja que seu leito conjugal seja um espaço seguro e imaculado onde a intimidade floresça (Hb 13.4). Dito isso, mesmo os recém-casados podem não perceber o impacto de um intruso perigoso da intimidade.

Os casais costumam chegar ao altar com o que podemos chamar de "fator X". Com isso, quero dizer o conhecimento de ex-namorados, ex-namoradas, ex-cônjuges, a realidade de parceiros sexuais anteriores ou talvez arrependimentos profundos sobre atitudes insensatas um com o outro. Independentemente da pureza ou promiscuidade de seu caminho para o casamento, todo cônjuge chega nesse momento mágico acreditando que o que eles compartilharão fisicamente será sagrado e único. E aqui está a questão principal. Quando os recém-casados chegam já tendo aberto o presente do sexo, como acontece com muitos, isso pode despertar temores inesperados sobre comparações com parceiros anteriores, pontadas de ciúme irracional e ansiedade ou inquietações sobre se o sexo dentro do casamento pode ser prazeroso.

Diego adorava Clarice. Ele dizia a qualquer um que quisesse ouvir que conhecê-la foi um presente imerecido vindo direto do céu. Clarice se apaixonou por Diego no trabalho, no exato momento em que o viu ajudar uma senhora idosa a passar pela porta e entrar em seu carro. Eles namoraram por oito meses e, então, marcaram a data do casamento.

Uma noite, enquanto eles estavam abrindo o coração e trocando histórias, Diego descobriu que Clarice não era virgem — nem perto disso. Ele não ficou totalmente surpreso, pela forma como Clarice descrevera seu passado. Ele também sabia que, verdade seja dita, não estava em posição de julgar. Havia rumores em certos círculos de que as conquistas de Diego na faculdade eram lendárias. Mas Diego se sentiu incomodado com a notícia. De fato, ele percebeu que era um hipócrita machista por alimentar esses pensamentos em sua mente. Não obstante, um fantasma intruso sussurrava perguntas no ouvido de Diego: *Será que a relação sexual deles seria invadida por pensamentos do passado dela? Ele seria inconscientemente medido ou comparado com um dos ex-namorados de Clarice? E por que a ideia de outro homem tocando sua esposa o deixava louco?*

Clarice controlava melhor a situação. Para ela, o passado de Diego não era uma questão. Era uma história antiga, coisas que ela mal conseguia lembrar.

Os casais podem ficar presos ao passado em diálogos antes do casamento, durante os ajustes de recém-casados e até mesmo em choques posteriores que podem surgir quando uma pessoa tenta dar conta de passar o resto da vida com um pecador. Em cada etapa, a luta com o passado é real. Mas a boa notícia é que ela não precisa ser permanente. Bom aconselhamento, do tipo que orienta noivos e casais em conversas necessárias, ajuda a silenciar o passado e a proibi-lo de fazer futuras visitas.

Contudo, se isso permanecer, há algo mais poderoso do que um bom aconselhamento disponível para casais, antes ou depois do casamento. É a graça — implacável, teimosa e incrível graça — que nos dá o poder de esquecer sussurros intrometidos e de nos fixarmos no que honra a Deus: "Finalmente, irmãos, tudo o que é verdadeiro, tudo o que é respeitável, tudo o que é justo, tudo o que é puro, tudo o que é amável, tudo o que é de boa fama, se alguma virtude há e se algum louvor existe, seja isso o que ocupe o vosso pensamento" (Fp 4.8). A boa notícia é que a graça de Deus por fim substitui nossas histórias separadas criando um futuro unido. A vida sexual fica mais rica porque estou "esquecendo-me das coisas que para trás ficam e avançando para as que diante de mim estão" (Fp 3.13).

Converse com quaisquer casais que superaram esse obstáculo e eles confirmarão rapidamente que a experiência de Deus unindo-os para o futuro foi muito mais poderosa do que quaisquer lembranças ou complicações do passado. Tenham ânimo. O mesmo será verdade para vocês.

Terceiro, a graça diz: *"Não vou definir você por seus piores momentos".* Muito sexo no casamento diminui ou se interrompe por causa de um certo tipo de narrativa interna. Começamos a ver o outro por meio de suas fraquezas, seus erros ou até seus pecados. Rotulamos nosso cônjuge com base em seus piores momentos.

A graça fala aqui também. Ela diz: "vejo além de seus erros o bem que você pretendia". A graça se recusa a aceitar um perfil conjugal elaborado a partir de suas fraquezas. Quando a graça se olha no espelho, diz: "pela graça de Deus, sou o que sou" (1Co 15.10). Quando a graça olha para nosso cônjuge, ela diz: "é justo que eu assim pense de você, porque o trago no coração, pois você é participante da graça comigo" (adaptação de Fp 1.7).

Você já leu Hebreus 11? É a surpreendente galeria de fiéis do Antigo Testamento que parecem ter sido aleatoriamente incluídos na carta. Dentro do capítulo estão nomes como Sansão e Raabe. Alguns são líderes que alcançaram grandes alturas antes de cair em abismos profundos e sombrios. No entanto, lá estão eles, aparecendo em Hebreus 11 como personagens do Antigo Testamento que têm sido submetidos à reciclagem de sua imagem.

O que mais me impressiona nessa lista é como o autor de Hebreus se lembra apenas dos melhores momentos de suas histórias. Com Sansão e Raabe, é como se eles tivessem sido arrancados do monte de lixo da história e limpos pelas memórias do que fizeram certo.

Que graça maravilhosa! Tão potente que lembra pessoas complicadas como Sansão ou Raabe apenas em seus melhores momentos. A graça recupera o passado lembrando-se dos melhores momentos de uma pessoa, e não de seus erros de gravação. Essa é a maneira prática segundo a qual vivemos a verdade do evangelho. Se a morte e a ressurreição de Jesus nos dizem alguma coisa, é que o pior comportamento de nosso cônjuge não é a declaração final sobre sua vida. No evangelho, a vida de Cristo brilha sobre nossa morte. E, à medida que nosso casamento avança, temos a oportunidade de olhar para nosso cônjuge pelas lentes dessa graça transformadora — as mesmas lentes pelas quais Deus nos vê. À luz da graça, as memórias podem ser redimidas. À luz da graça, podemos deixar que o que Deus fez em nosso cônjuge o defina, em vez de suas falhas, e podemos deixar que essa graça ilumine nossas conversas atuais e esperanças futuras.

> ### CONVERSA SÁBIA
>
> Leia as páginas anteriores e veja as palavras que a graça nos diz. Qual delas parece mais relevante para o seu casamento? Peça a seu cônjuge que responda à mesma pergunta e ouça atentamente sua resposta. A graça atua sobre a alma como a água sendo fervida. Ela lança uma chama sob a superfície para que as impurezas possam subir ao topo de nossa consciência. A graça nos leva a encontrar a lei em ação dentro de nós (Rm 7.21) e nos educa "para que, renegadas a impiedade e as paixões mundanas, vivamos, no presente século, sensata, justa e piedosamente" (Tt 2.12). Você está ouvindo a voz da graça com mais clareza? Um de vocês pode ver as coisas com mais clareza no início. A forma como você reage a essa realidade, com orgulho ou humildade, pode determinar se você experimentará mais graça. "Antes, ele dá maior graça; pelo que diz: Deus resiste aos soberbos, mas dá graça aos humildes" (Tg 4.6). Humilhe-se perante seu cônjuge hoje. Desfrute de mais graça. Ela o conduzirá a ter sabedoria no casamento.

A ALMA SÁBIA SABE... MANTENHA O SENSO DE HUMOR

Talvez a maneira mais prática de mostrar graça ao nosso cônjuge seja rindo.

Na verdade, penso que é preciso ter um toque de loucura para desfrutar de um casamento duradouro. Às vezes, isso significa tolerar a mesma loucura, ou o que pode parecer ainda mais loucura, em seu cônjuge. Pense nisso...

O casamento une duas pessoas com histórias notavelmente texturizadas, une duas pessoas que sofrem e pecam. Então, o casamento requer que duas pessoas compartilhem um banheiro, contas bancárias e uma cama. Como resultado de todo esse compartilhamento, nós, casados, nos tornamos especialistas nas tendências, nos pecadinhos, nas inclinações, nas falhas e nas tentações de nosso cônjuge. A certa altura, você pode completar a frase de sua esposa ou realocar seu marido para a casa do cachorro só de olhar. O casamento é como um WikiLeaks relacional: ele expõe todas as nossas informações confidenciais — nossa preguiça, depressão, ganância, ansiedade e arrogância. O casamento nos expõe.

A única maneira de sobreviver a esse tipo de exposição é ter senso de humor. Em outras palavras, devemos ser loucos o suficiente para encontrar alguma risada em meio ao pecado e às fraquezas — tanto nossas quanto de nosso cônjuge. Essa é a única maneira de sobreviver aos absurdos da instituição do casamento. G. K. Chesterton disse bem:

> Um homem e uma mulher não podem viver juntos sem terem uma espécie de piada eterna contra o outro. Cada um descobriu que o outro é um tolo, mas um ótimo tolo. Essa

grandeza, essa grosseria e esse esplendor de loucura é o que todos nós encontramos naqueles com quem temos contato íntimo; e é a base duradoura de afeto e até de respeito.²

Uma das coisas que tornam o afeto duradouro, de acordo com Chesterton, é ter um senso de humor longânimo. Fraquezas e excentricidades deixam de ser uma irritação e tornam-se um alívio cômico. Portanto, a melhor coisa que podemos fazer é aprender a rir das fraquezas de nosso cônjuge... E das nossas.

Um dos melhores momentos para o marido e a esposa verem e recontarem essa "piada eterna" é quando seus corpos nus são oferecidos ao serviço mútuo. É glorioso quando marido e mulher descobrem que seus primeiros anos de novidade sexual amadureceram em temporadas de sagrada unidade e intimidade. Aprender com o tempo para servir um ao outro com o corpo é uma dádiva de Deus que somente eles possuem (1Co 7.3,4). Sim, isso exige tempo, paciência e conversa. Mas, no fim, o marido e a esposa aprendem a relaxar juntos, a se dar livremente e a buscar o prazer um do outro, em vez dos prazeres roubados ou egoístas que podem ter caracterizado suas vidas antes do casamento (Pv 9.17,18).

É notável, misterioso e glorioso que grandes tolos se encaixem. Os dois realmente "se tornam uma só carne" (cf. Gn 2.24). E mais bodas trazem mais risadas.

Quando as crianças aparecem, elas chegam com um superpoder embutido: sugar a vida sexual de seu corpo e de seu lar. Conforme os empregos se tornam exigentes, o ritmo

---

2 "Chesterton on Dickens", em: The collected work of G. K. Chesterton (São Francisco: Ignatius, 1989), vol. 15, p. 188. Citado em Andy Crouch, The tech-wise family (Grand Rapids: Baker Books, 2017), p. 54.

sexual habitual de um casal pode ser afetado. Então, com o tempo, nossos corpos se tornam rebeldes. Eles retêm água, peso e gás, e se recusam a abrir mão de qualquer um desses tesouros, exceto o terceiro. Antes que você perceba, a gravidade assume o controle e nossos contornos descem. Nos homens, nossos cabelos fazem truques de mágica, desaparecendo de nossas cabeças e reaparecendo em lugares menos atraentes como orelhas e nariz. Toda essa variedade de questões torna a tentativa do sexo mais complicada. Isso pode deixar casais mais maduros com uma vida sexual semelhante a um eclipse solar — ainda há momentos em que seus corpos se alinham física e emocionalmente, mas infelizmente o evento dura apenas cinco minutos! Com todas essas circunstâncias amontoadas contra a realização no leito conjugal, você precisa aprender a rir. Do contrário, vai acabar chorando.

Foi uma ótima noite romântica. Com quatro filhos em casa, a ideia de terminar a noite indo, digamos, "estacionar" foi uma sacada genial. Os casamentos precisam desse tipo de tempero picante, argumentei com Kimm. Vamos desligar o motor, colocar um rock clássico e criar a memória. Nosso tempero picante deve ter sido contagioso, porque o cara batendo na janela também estava apimentado. Infelizmente, seu tempero estava confinado ao seu linguajar. Aparentemente, desligamos o motor em sua propriedade, um gesto que ele interpretou como uma violação de seus direitos constitucionais. Ele criou uma bela memória.

Dez minutos depois, a polícia chegou. Eu fiz de tudo para explicar, mas aqueles minutos ouvindo o dono da propriedade, com seus olhos furiosos de caçador de comunas, ditando para mim as leis estaduais e locais me convenceram de que eu iria para a cadeia. Eu me vi, nitidamente, encurralado no pátio da prisão, explicando aos criminosos cobertos de tatuagens como peguei de três a cinco anos por estacionar com minha esposa. Eles perceberiam a ironia e ririam alegremente comigo. Então me espancariam.

Felizmente, a polícia tinha um senso de humor melhor do que o proprietário do imóvel. Recebemos uma advertência e um aviso para não voltarmos. Eu entendi que isso significava que estacionar era legal, apenas não ali.

Encontramos lugares melhores.

Riam de vocês mesmos. Riam de suas lutas. Riam das mudanças que o tempo traz. Todos nós somos tolos gloriosos que precisam da graça para ficar juntos em um mundo caído. Poucas coisas conquistam isso mais do que rir juntos de nossa tolice.

CONVERSA SÁBIA

Tenho uma personalidade muito séria, então Kimm acaba rindo mais do que eu. Algumas vezes, é difícil para mim entrar no clima. Às vezes, me levo muito a sério. É uma das coisas que mais me incomoda em mim. Kimm, em contrapartida, adora isso em mim. Isso dá a ela um material infinito para risadas.

Você se identifica com minhas fraquezas? Como seu cônjuge avaliaria seu senso de humor? O que em relação ao humor o faz transmitir graça? Conversem sobre os fatores estressantes que afetam seus desejos sexuais agora. Se seus desejos têm mudado ultimamente, fale sobre o motivo e convide seu cônjuge a pensar e orar a respeito com você. Quando a vida fica agitada, esse tipo de conversa pode ficar esquecida. Se necessário, marque um horário. E não se esqueça de levar uma piada.

O FIM DO SEXO

Sexo é ótimo, mas também é temporal. Mesmo quando falamos de "sexo duradouro", estamos falando apenas desta vida. Não há casamento no céu (Mt 22.30), então é bastante lógico que não faremos sexo. Mas o sexo, como o casamento, nunca foi feito para ser um fim em si mesmo. Deus nunca descartaria algo tão glorioso se não houvesse algo melhor para substituí-lo. O sexo foi criado como um antegozo de algo maior — a alegria e o deleite superiores que experimentaremos estando com Jesus no novo céu e nova terra.

Essa verdade — de que o casamento é temporário e foi feito para ser um "sinal de glória" para nos apontar a Jesus — pode atingir você de duas maneiras diferentes. Alguns de vocês podem estar dizendo: "Ótimo. O sexo sempre foi carregado de complicações para nós, e ficar sem ele não será uma grande perda". Outros casais podem ficar profundamente desapontados. Sentirão falta de experimentar um ao outro de uma maneira tão íntima e agradável. Você pode até perguntar: "Como Deus pode ser glorificado no céu negando-nos um dos poucos êxtases que experimentamos na terra?". Adoro a maneira pela qual C. S. Lewis respondeu a essa preocupação. Eis o que ele escreveu em seu livro sobre milagres:

> Acho que nossa perspectiva atual pode ser como a de um menino que, ao ouvir que o ato sexual é o maior prazer corporal, pergunta imediatamente se você come chocolates ao mesmo tempo. Quando lhe dizem que não, ele pode considerar a ausência de chocolates como a principal característica da sexualidade. Seria em vão dizer-lhe que a

razão pela qual os amantes em seus arroubos carnais não se importam com chocolates é que eles têm algo melhor em que pensar. O menino conhece o chocolate: não conhece a coisa positiva que o exclui.

Estamos na mesma posição. Conhecemos a vida sexual; não conhecemos, exceto em vislumbres, as outras coisas que, no céu, não deixarão lugar para ela.[3]

Meus amigos, o fim do sexo será o início de algo mais glorioso, algo que excede a demanda "uma vez por dia" de um cliente septuagenário da cafeteria Starbucks, algo melhor do que vocês podem imaginar. O prazer em um mundo saturado de pecado é sempre abafado por nossa queda. Mas está chegando o dia em que romperemos as amarras da imperfeição para experimentar o prazer de forma totalmente pura e desimpedida. Um orgasmo na terra nem sequer se compara ao deleite de estar na presença da dança divina entre as pessoas da Trindade. Há maior alegria em entrar em comunhão eterna com Deus. Esse é o fim para o qual fomos criados.

Portanto, aproveite o sexo enquanto você o tem. Mas faça isso lembrando que o melhor ainda está por vir!

---

3   C. S. Lewis, Miracles (New York: Collier Books, 1960), p. 159-60 [edição em português: Milagres (Rio de Janeiro: Thomas Nelson Brasil, 2021)].

MOMENTO DECISIVO 7: QUANDO VOCÊ DESCOBRE QUE O SEXO MUDA COM A IDADE

Há mudanças significativas que acompanham o envelhecimento e tornam o sexo mais delicado e difícil. Se alguém vive o suficiente, o sexo pode ficar restrito a memórias queridas. Descobrir essas mudanças — que podem incluir o fim de sua vida sexual — é um momento decisivo.

	O MOMENTO	NOSSA RESPOSTA
A decisão pela verdade	Considerarei intimidade como equivalente a atingir orgasmo?	*Ou* minha compreensão da sexualidade incluirá comunicação, intimidade e afeto, preparando-me para o dia em que o sexo será secundário?
O custo exigido	Minha visão irreal do que é "normal" lançará culpa e vergonha sobre meu cônjuge?	*Ou* definiremos o "normal" juntos de uma forma que se adapte e sirva ao nosso casamento em particular?
A oportunidade de exaltar a Deus	Ficarei amargurado e irado quando nossa vida sexual não alcançar (ou não satisfazer mais) as minhas expectativas? Definirei meu cônjuge por meio de seus piores momentos?	*Ou* nossa vida sexual será construída em graça e na alegria, para que tenhamos olhos apenas um para o outro e possamos rir juntos conforme envelhecemos?
Como isso edifica a alma	Deixarei que o arrependimento e a ansiedade pelas memórias e complicações do passado me roubem a alegria com meu cônjuge?	*Ou* deixarei o perdão de Deus cobrir nossas histórias separadas e criar um novo futuro unido para nosso casamento?
Como isso define nosso destino	Ficarei decepcionado por não haver casamento e sexo no céu?	*Ou* viverei e amarei por causa da alegria superior que virá na comunhão com Deus?

Parte 3
TERMINANDO JUNTOS

Capítulo 9
Momento decisivo 8: Quando os sonhos são frustrados

O gorila invisível. É um nome incomum para um experimento de Harvard, mas uma descrição apropriada do que aconteceu durante essa pesquisa extraordinária. Os participantes do experimento assistiram a um filme de um minuto em que seis pessoas passavam uma bola de basquete entre si. Três jogadores usavam camisas brancas e três, camisas escuras. Aos participantes foi solicitado que ignorassem as pessoas de camisa escura e contassem o número de passes feitos pelos jogadores de camisa branca. Quando o vídeo curto terminou, foi solicitado aos participantes que relatassem o número de passes que contaram. A resposta correta era quinze passes.

Mas a resposta correta era irrelevante. O teste não estava medindo as habilidades matemáticas dos participantes.

Cada participante foi entrevistado minuciosamente para relembrar tudo que observaram no vídeo e, na conclusão, o pesquisador perguntou: "Você viu o gorila?".

No meio do experimento, um ator em uma roupa de gorila passeou no meio da roda de jogadores, bateu no peito como um macaco e saiu da tela pelo lado oposto. Dos sessenta segundos de filmagem, o gorila esteve presente em nove deles. Não sou muito bom em matemática, mas minha calculadora me diz que são quinze por cento.

Então, quais foram os resultados? *Metade das pessoas que assistiram ao vídeo não perceberam o gorila.*

Minha matemática é boa o suficiente para saber que são cinquenta por cento — todos tão estritamente focados na contagem de passes que perderam um desenvolvimento surpreendente e peculiar que ocorreu bem debaixo de seus narizes!

E o que os cientistas com pranchetas provaram? Os gorilas invisíveis estão realmente em toda parte — dos supermercados às cafeterias —, ainda que imperceptíveis para nós?

Não exatamente. O "Gorila invisível" foi um teste de percepção: Os participantes veriam algo inesperado além de sua tarefa óbvia de contar os passes?

O estudo concluiu que o que vemos é moldado pelo que esperamos ver. Nossos cérebros são criados de tal forma que nossa visão se forma em torno do que esperamos que aconteça. O que significa que, se não esperamos algo — não imaginamos que vá acontecer —, podemos deixá-lo passar completamente.

O que é verdade para o teste do gorila também é verdade para o casamento.

MEUS SONHOS PARA O CASAMENTO

Todo mundo se casa com um sonho. Nossa perspectiva é profundamente moldada pelo que esperamos ver. E muitos de nós entramos no casamento tão concentrados em nossos sonhos que não vemos algumas realidades do tipo "gorila".

Os sonhos fazem isso. Nós os perseguimos, e eles nos embriagam, obscurecendo nossa visão. O poder viciante de um sonho torna difícil enxergar claramente. E, no campo dos sonhos que compõem a vida, poucos exageram mais nossas expectativas do que nossos sonhos de como será a vida nos dias após o "sim".

Nossas esperanças para o matrimônio podem ser tão específicas quanto nossas personalidades e relacionamentos individuais, mas existem alguns sonhos comuns que, quando frustrados, podem afligir a alma e desorientar o casamento. Eles se tornam momentos decisivos em relação a como — e se — avançamos juntos.

Vamos dar uma olhada em três deles.

SONHO 1: O AMOR NOS MANTERÁ UNIDOS

Se você já esteve na Filadélfia, deve ter passado pelo Love Park, onde fica a imagem icônica da Arte Pop esculpida com as letras L-O-V-E [AMOR]. Desde meados dos anos 70, as pessoas contemplam essa estátua e refletem sobre o significado de seu design e mensagem. É uma declaração religiosa? Um protesto político? Uma expressão pessoal? Uma imagem erótica? Não sei. Mas sei que essa escultura reflete a maneira pela qual muitas pessoas pensam sobre o amor. Nós o vemos como uma palavra primorosa e criativa na qual podemos colocar nosso próprio significado.

Não há dúvida: o amor é poderoso. Quando casais entram no matrimônio, sonham com o amor mantendo-os unidos ao longo dos anos. E ele pode fazer isso. Entretanto, se o amor nos mantém unidos ou não, depende muito de como definimos o amor.

"Um sentimento intenso de profundo afeto" é uma das principais definições de amor no dicionário,[1] e isso não é

---

1 "Love", em: Angus Stevenson; Christine A. Lindberg, orgs., New Oxford American dictionary, 3ª ed. (Oxford: Oxford University Press, 2010), Apple OS X, edição eletrônica.

surpreendente. Os casais acreditam que os sentimentos (especificamente os sentimentos românticos) devem manter-se inabaláveis até que a morte nos separe. As comédias românticas de Hollywood apoiam e popularizam essa noção de galanteios e deleites. Esses filmes geralmente têm um final previsível: com um casamento "felizes para sempre". A mensagem alardeada é que aqui, no casamento, o romance encontra seu lar eterno.

Agora, com certeza não vou argumentar, para os fins dessa ilustração, que duas pessoas que se unem têm que ser mutuamente desinteressantes e emocionalmente monótonas. Estou simplesmente destacando que, quando se trata de casamento, a maioria de nós começa em desvantagem. O ponto de partida definido por nossa cultura parece decisivamente centrado em aparência, atração e apego emocional. E essa visão moldou nossa compreensão do amor, bem como sonhos e expectativas que temos sobre o que o casamento deve oferecer.

O romance sempre será importante para o casamento. No entanto, com filhos, carreiras e idade, ele pode mudar de algo que sentimos instintivamente para algo pelo que devemos lutar intencionalmente. Em um casamento que amadurece, o romance se transformará. Mas, embora os sentimentos sejam inconstantes, existe um tipo de amor que sela o casamento de maneira a criar um vínculo duradouro. O declínio do romance e a realidade da imperfeição tornam-se momentos decisivos no casamento.

AMOR COMO PERDA

Em primeiro lugar, o amor é o que perdemos. Quando você ama alguém, você está perdendo. Não estou falando em perder uma competição. Não, falo sobre o tipo de amor que sela a saída de emergência, de forma que perdemos nossa liberdade de retroceder ou retaliar quando as coisas ficam difíceis.

Em 1519, o capitão Hernán Cortés chegou por mar à costa leste da atual região mexicana de Veracruz. Ao chegar, Cortés deu uma ordem que surpreendeu seus homens: "Queimem os navios!". Essa é uma forma incomum de motivação, com certeza. No entanto, uma coisa estava clara: eles perderam a rota de fuga. Não havia mais volta.

O amor queima os navios. Porque o compromisso e a fidelidade estão no âmago do amor, o casamento significa que perdemos todas as saídas e planos alternativos. O amor devotado ao seu cônjuge não está enraizado em como você sente que é tratado. O amor não começa com imparcialidade ou justiça, ou com quem ocupa uma posição moral mais elevada. O amor está ancorado nos votos que trocamos, nas promessas que fazemos e, em última instância, na realidade de quem Jesus é para nós. "Nós amamos porque ele nos amou primeiro" (1Jo 4.19).

Pense nisso. A perda, pela morte na cruz, foi a maneira pela qual Deus mostrou para nós seu coração amoroso (Jo 15.13). E a perda, pela morte diária de si mesmo, mostra nosso amor um pelo outro (Lc 9.23). Elisabeth Elliot disse desta forma:

> Casamento é a morte da privacidade, da independência, do lar e da família da infância, a morte das decisões unilaterais e da noção de que só existe uma maneira de fazer as coisas; a morte do eu. Quando essas pequenas mortes são aceitas

> com alegria e de todo o coração, uma nova vida — a glória
> do amor sacrificial que leva à união perfeita — é inevitável.²

Mal consigo contar quantas vezes me sentei com homens que pensam que o casamento não deve ditar suas prioridades. Não estou falando de recém-casados aqui. Lá atrás, esses homens se casaram despreparados para perderem a si mesmos em prol de encontrar uma vida que engendrasse o respeito, a confiança, a lealdade, o sacrifício e a sexualidade da mulher. Eles nunca chegaram a entender que um bom casamento é difícil de conquistar porque requer sacrifício.

Certamente consigo me enxergar nesse pensamento egocêntrico. Perder a si mesmo é difícil. Posso ser indiferente porque não quero perder minha liberdade. É natural pensar primeiro em mim mesmo. Eu amo minha própria maneira de fazer as coisas. Meu coração é como um animal selvagem que se recusa a perder, que se recusa a se dobrar. Minhas preferências determinam rapidamente o que faremos, antes de ouvir o coração de Kimm ou protelar seus desejos. Por vezes, meu egoísmo foi tão evidente que precisei que amigos me corrigissem. E é isso o que o amor amadurecido faz.

Essa coisa de amor é muito difícil. Talvez você se identifique. O amor refreia preferências, prerrogativas e privilégios. Elimina essa vida entre muros que se recusa a render-se à vulnerabilidade. "O amor exige vulnerabilidade", observou C. S. Lewis:

> Fora dessa vulnerabilidade, nossos corações se tornam duros e frios. Ame qualquer coisa, e seu coração certamente

---

2 Elisabeth Elliot, *Esperança na solidão*: encontrando Deus no deserto (São José dos Campos, SP: Editora Fiel, 2022).

será apertado e possivelmente partido. Se você quiser certificar-se de mantê-lo intacto, não deve entregar seu coração a ninguém, nem mesmo a um animal. Envolva-o cuidadosamente com passatempos e pequenos luxos; evite todos os envolvimentos; tranque-o em segurança no caixão do seu egoísmo. Mas, naquele caixão — seguro, escuro, imóvel, sem ar —, ele mudará. Não será partido; ele se tornará inquebrável, impenetrável, irredimível.[3]

O mundo nos diz para nos encontrarmos; diz que, para sentir o sabor secreto da felicidade, devemos amar a nós mesmos. Jesus tem uma visão diferente: "Pois quem quiser salvar a sua vida perdê-la-á; quem perder a vida por minha causa, esse a salvará" (Lc 9.24). Amar a Deus significa que abandonamos uma forma de vida (Gl 5.16-21) para obter uma recompensa maior (Mt 6.33; Lc 6.35). Para salvar nossa alma, devemos perder nossa vida.

AMOR COMO GANHO

Isso nos leva ao outro lado da equação. Embora o amor signifique perda, há também ganho. Maravilhosas, gloriosas, estupendas e surpreendentes delícias e bênçãos aguardam aqueles que se comprometem um com o outro no casamento. Deus nos dá o casamento para nossa alegria. Mesmo descrevendo como devemos perder a nós mesmos no casamento, não tenho em vista uma forma de ascetismo. No casamento, aceitamos a perda por causa do que ganhamos. E o que ganhamos? Considere estes exemplos:

---

[3] Citado em Joe Rigney, Lewis on the Christian life: becoming truly human in the presence of God (Wheaton: Crossway, 2018), p. 232.

- *Ganhamos um compromisso centrado na promessa.* Rafael e Sofia são casados há 28 anos. Houve anos difíceis, com certeza; momentos em que ocupações, uma criança indisciplinada, depressão e má comunicação silenciaram os sentimentos de amor. Mas a questão de seu compromisso fundamental nunca foi posta em discussão. Na tarde em que disseram "sim", Rafael e Sofia fizeram votos — um conjunto de declarações em um momento que prometia amor futuro. Eles recitaram seus votos diante da família, dos amigos e do ministro que os casou. Quando as dificuldades chegaram, quando os sentimentos de amor se tornaram menos acessíveis, eles se apoiaram no fundamento das promessas que fizeram. Anos depois, ainda estão juntos, saboreando o doce fruto dos compromissos mantidos. Anos de amor fiel e duradouro criaram o tipo de companheirismo e gratidão mútua que nunca sonharam ser possível.
- *Ganhamos em piedade.* Como solteiro, Vítor achava que era espiritualmente maduro. Com vigílias de oração à noite, vários estudos bíblicos e projetos de serviço todos os finais de semana, certamente os anjos no céu o estavam aplaudindo como um excelente exemplar do cristianismo. Mas então Vítor se casou. Viver com sua esposa trouxe à tona um lixo em seu coração que ele nunca imaginou que existisse. Vítor amava o controle, mas se casou com um espírito livre. Ele amava a ordem, e ela não era muito organizada. Vítor passou três anos tentando mudá-la, apenas para perceber que suas fortes exortações não eram muito amorosas. Depois de

buscar conselho pastoral, Vítor começou a perceber que estava tentando refazer sua esposa à sua própria imagem. Ele se arrependeu de sua arrogância e recebeu a graça para fazer algumas mudanças importantes. A vida passou a ser mais sobre amar e servir sua esposa acima de si mesmo. Sua capacidade de bondade e compaixão cresceu conforme ele buscava entender o pensamento dela e servi-la nas áreas em que era mais fraca. Vítor também se tornou mais perspicaz em discernir suas próprias tentações e fraquezas conforme a perspectiva de sua esposa assumiu um papel proporcional no casamento. Ao amar mais sua esposa, ele cresceu em piedade.

- *Ganhamos por sermos conhecidos.* Embora Luíza estivesse sóbria há sete anos, seu passado a assombrava e perturbava com uma mentira venenosa: *Depois do que fez, ninguém vai amar você.* Quando conheceu César, Luíza compartilhou um pouco de sua história; apenas alguns fragmentos, uma amostra para medir sua resposta. César não se abalou. Ele entendeu que todos têm uma história de imperfeição da qual Deus os salvou. Mesmo depois do casamento, Luíza ocasionalmente compartilhava outras categorias de seu passado, temendo que cada uma fosse a gota d'água. César levou tudo na esportiva. Na verdade, houve ocasiões em que ele chorou ao ouvir sobre o pecado e o sofrimento dela. Depois de onze anos de casamento, Luíza percebeu algo. César a *conhecia*, com todas as suas manchas, e ele a amava mesmo assim! Isso começou a abrir novas portas para entender o amor de Deus — um amor eterno e duradouro que nos buscou mesmo quando ainda éramos seus inimigos (Rm 5.10). Luíza era totalmente conhecida *e* totalmente aceita pelo marido, a despeito da vergonha que ela sentia. Seu marido entendia o evangelho. Ele vivia ciente de tudo o que lhe fora perdoado e estava determinado a transmitir à sua noiva a surpreendente misericórdia que recebera (Lc 6.35-38).

* *Ganhamos em perseverança.* Foi no décimo sétimo ano de casamento que o telefone tocou. Alex já esperava nervosamente esse momento. "É câncer", disse o médico, "do tipo ruim". Cíntia segurou sua mão, apertando com força enquanto a cor sumia de seu rosto. "O tratamento precisa começar imediatamente". E assim começou. Cíntia foi heroica na maneira que serviu a seu marido em sofrimento, e Alex se recusou a ficar em silêncio estoico. Eles compartilharam seus medos, oraram constantemente, choraram e sofreram os tratamentos juntos. Dois anos depois, Alex foi declarado livre do câncer. Eles tiraram férias para marcar o momento. Suportar essa prova juntos os aproximou ainda mais.

E há mais ganhos, *muito* mais! Companheirismo, amizade confiável, prazer sexual; esses são apenas alguns dos ganhos que muitas vezes acompanham o amor devotado. E ilustram uma verdade profunda, enterrada como um diamante cintilante no coração do sacrifício do evangelho: "Porquanto, quem quiser salvar a sua vida perdê-la-á; e quem perder a vida por minha causa achá-la-á" (Mt 16.25).

SONHO 2: SEREMOS SEMPRE AMIGOS

Acabei de mencionar o companheirismo como uma das coisas que ganhamos no casamento. Como isso também pode ser um sonho frustrado?

Eis a razão. Há condições que devem ser satisfeitas para construir um casamento sobre a amizade que começou no namoro. Se ignoramos essas condições, somos como um ferro de passar que foi ligado, mas nunca usado; esquentamos com facilidade, mas nossos problemas... nunca são "passados".

AMIZADE DURADOURA

Que condições devem ser satisfeitas para que a amizade conjugal perdure?

Primeiro, Jesus deve ser nosso amigo. O próprio Jesus disse: "Já não vos chamo servos, porque o servo não sabe o que faz o seu senhor; mas tenho-vos chamado amigos" (Jo 15.15). Jesus nos chama de amigos porque sabemos o que o mestre está fazendo. Deus, o Mestre, está nos chamando para uma comunhão amorosa consigo. Ele quer que desfrutemos de intimidade consigo e amizade com Jesus. "A comunhão com Deus", diz J. I. Packer, "é a fonte da qual se origina a comunhão entre os crentes; e a comunhão com Deus é o fim para o qual a comunhão cristã é um meio".[4]

Alguns leitores podem ver esse ponto sobre amizade e comunhão com Deus como algo incidental, como se eu fosse obrigado a incluir algo espiritual para poder chegar ao que realmente importa na amizade entre marido e mulher.

---
4 J. I. Packer, God's Words: key Bible themes you need to know (Downers Grove, IL: InterVarsity, 1981), p. 193 [edição em português: Vocábulos de Deus (São José dos Campos: Fiel, 2017), p. 262].

Não é assim. Parte da razão pela qual o sonho de uma amizade duradoura desmorona é que os desejos de amizade são em primeiro lugar horizontais, e não verticais. Como escreveu C. S. Lewis: "Assim, a amizade, como os outros amores naturais, é incapaz de salvar-se. [...] [Ela deve] invocar a proteção divina caso espere se manter pura".[5]

O casamento é difícil; há finanças, parentes, ajustes sexuais, a chegada de filhos (ou o fato de que os filhos não chegam), doenças, empregos perdidos, angústia adolescente, conflito, envelhecimento e nossas respostas pecaminosas. Como uma pessoa pode se guiar em um terreno tão traiçoeiro? Provérbios responde à pergunta: "há amigo mais chegado do que um irmão" (Pv 18.24). O amigo mais chegado que todos é, claro, Jesus.

Segundo, sua amizade conjugal deve ser sua prioridade. Nunca na história a palavra "amigo" foi mais esvaziada do que em nossa era de mídia social. Cooptada inicialmente pelo Facebook, a amizade agora está reduzida à nossa lista de contatos e conhecidos virtuais — são rostos tão envolvidos em nossas vidas quanto estranhos por quem passamos na estrada.

Lembro-me de descer a escadaria da igreja um dia e observar um círculo de jovens que cresceram juntos. Mas ao invés de compartilharem as novidades sobre a vida e o amor, ou mesmo de rir de memórias compartilhadas ou peculiaridades pessoais, eles estavam todos grudados em seus telefones. Era a coisa mais estranha: amigos reunidos, como faziam há anos, mas agora não se comunicavam com palavras. Seus

---

5 C. S. Lewis, The four loves (New York: Harcourt, Brace and Company, 1960), p. 124 [edição em português: Os quatro amores (Rio de Janeiro: Thomas Nelson Brasil, 2017), p. 83].

corpos estavam presentes, mas sua comunicação era virtual. "Melhores amigos" em um admirável mundo novo.

Companheirismo — do tipo que gera unidade — é um dos principais objetivos de Deus para o casamento. No primeiro casamento da história, separar-se e tornar-se uma só carne foram identificados como os principais benefícios do matrimônio (Gn 2.24). Esses benefícios se tornam realidade no momento em que você diz "sim". O desafio surge quando os casais presumem que essas bênçãos estão firmes como carvalhos maduros e não como frágeis mudas que devem ser cuidadas e cultivadas. Um dos danos dessa ideia é que as amizades nunca se desenvolvem a partir do estágio romântico pré-nupcial. Como Carolyn G. Heilbrun disse uma vez: "O casamento deve muito ao romance e muito pouco à amizade".[6] Estou de acordo.

É por isso que desenvolver a amizade faz parte da lista de momentos decisivos. A amizade se torna um sonho protelado se não lutarmos para protegê-la. "A esperança que se adia faz adoecer o coração, mas o desejo cumprido é árvore de vida" (Pv 13.12). Priorizar a amizade significa que nosso cônjuge é nossa primeira prioridade terrena. E, sim, isso significa aquela versão antiquada do face-a-face, em que sentar, olhar, compartilhar e experimentar um ao outro não foi substituído por modos funcionais de comunicação. Priorizar a amizade com nosso cônjuge também significa que ele não está sendo lentamente substituído por outras pessoas com quem compartilhamos hobbies ou interesses de trabalho, ou com quem simplesmente gostamos de estar. É ótimo para maridos

---

6 Citado em Julia B. Boken, Carolyn G. Heilbrun, United States Authors Series (Woodbridge, CT: Twayne Publishers, 1996), p. 121.

e esposas ter essas pessoas em suas vidas. Eles adicionam tempero, interesse e oportunidades de serviço. Mas devemos proceder com cuidado, lembrando que "quem tem muitos amigos pode chegar à ruina" (Pv 18.24, NVI). A ruína segue casamentos que não priorizam as amizades certas.

Terceiro, abra espaço para a solidão. Uma das maiores surpresas para os casados é que a solidão — a experiência que muitas vezes os atormentava enquanto solteiros — não é deixada para trás no altar. Os gatilhos podem incluir várias experiências de vida. Talvez um cônjuge que assuma um novo emprego com jornadas longas e exaustivas. Talvez um pai ou uma mãe doente que vai morar com o casal, exigindo cuidados constantes. Ou talvez seja muito cansativo cuidar de adolescentes. Cada um desses exemplos mostra como o sonho da amizade eterna pode sofrer um golpe.

E a solidão se multiplica ainda mais se o relacionamento conjugal estiver prejudicado de alguma forma. Conflitos duradouros criam distância entre marido e mulher. E um divórcio ou a morte de um cônjuge podem causar uma desorientação indescritível, em que a pessoa se sente perdida, deslocada ou mesmo defraudada por Deus.

A solidão não é uma coisa de solteiro ou de casado; é uma coisa cristã. Fomos chamados para seguir um Salvador que foi deixado sozinho por seus companheiros mais próximos na noite anterior à sua morte. Mesmo na cruz, Cristo foi justificadamente abandonado enquanto carregava nossos pecados: "Deus meu, Deus meu, por que me desamparaste?" (Mc 15.34). Se seguimos Jesus, Deus por vezes nos chamará a carregar um fardo semelhante. Mesmo no casamento mais feliz, a cruz da solidão não pode ser evitada: "Se alguém quer vir após mim, a si mesmo se negue, dia a dia tome a sua cruz e siga-me" (Lc 9.23).

Moisés experimentou a solidão. Muitos dos profetas também. Davi sofreu com ela. Paulo também. Não compreendemos totalmente, mas às vezes Deus nos leva ao deserto para nos ensinar lições que só podem ser aprendidas lá. Nos momentos em que estamos exilados, excluídos, incompreendidos e desconsiderados — nessas terras desoladas dos relacionamentos, Deus realiza algumas de suas obras mais profundas.

Se você está nesse lugar agora, não acuse imediatamente seu cônjuge do crime de fazer você se sentir só. A solidão não significa que seu casamento está em perigo. Significa que Deus o ama e está explorando lugares em sua alma. Se é assim que você se sente agora, corra para ele. Derrame seu coração diante de seus ouvidos de amor: "Volta-te para mim e tem compaixão, porque estou sozinho e aflito" (Sl 25.16).

PASSOS A SEREM DADOS

Talvez você esteja lendo esta seção e percebendo que, embora seu casamento funcione bem como um negócio, poderia legitimamente declarar falência. O que você deve fazer?

- *Primeiro, sinta-se encorajado.* A clareza que você possui neste momento indica que o Espírito de Deus está operando em você de uma forma poderosa: "Porquanto a graça de Deus se manifestou salvadora a todos os homens, educando-nos para que, renegadas a impiedade e as paixões mundanas, vivamos, no presente século, sensata, justa e piedosamente" (Tt 2.11,12). O Senhor

- *Depois, é importante que você diga ao seu cônjuge o que vê.* A conversa não precisa vir em um belo pacote, ao dizer que você se arrependeu o suficiente e já está vendo frutos. Às vezes, o orgulho e o desejo de controle nos fazem querer parecer espirituais e maduros até mesmo em nossas confissões. Apenas diga ao seu cônjuge o que Deus está fazendo em seu coração. Reconheça as áreas em que você acredita ter falhado e fale sobre as áreas em que deseja crescer. Então orem.

- *Por fim, cultive uma amizade mais profunda.* Mas cuidado; você pode não ter vontade de fazer isso. Embora possa parecer que a conversa seja suficiente, você deve acrescentar ação à sua confissão. Isso pode parecer um trabalho improdutivo no início. Contudo, quanto mais você procura se abrir, fazer boas perguntas, viver algumas experiências juntos, surpreender com um telefonema, encorajar com algo específico, planejar uma escapada noturna, insistir em passar tempo com outros amigos e ajudar a fazer acontecer, mais você reacenderá sua amizade mais preciosa. Lembre-se, quando se trata de reacender o fogo da amizade, as ações precedem os sentimentos. Aja agora.

SONHO 3: PODEMOS VIVER SEM ARREPENDIMENTOS

Está trazendo à tona o que realmente move seu coração para levá-lo a ações que cultivem uma amizade maior.

Fique casado por mais de duas décadas e você terá arrependimentos. Não somos seres oniscientes e onicompetentes que sempre alcançam o que querem. Deixamos as coisas escaparem.

Lutamos contra o cansaço. Erramos em nossas prioridades. Perdemos momentos importantes em família por coisas que são, bem, menos importantes.

Você já tomou uma decisão financeira ruim? Kimm e eu transferimos recentemente todos os nossos bens materiais para um galpão de armazenamento. Não nos tornamos minimalistas; apenas tomamos uma decisão errada sobre a compra de uma casa e isso tornou a vida muito complicada. Desde o processo de negociação (vinte meses), passando pela mudança de nossas coisas até o desfecho da venda... Bem, digamos que foi uma experiência que não quero repetir. Nossas coisas agora estão em um contêiner assando sob o sol da Flórida. Essa casa foi uma escolha que não ajudou nosso casamento e nosso futuro. Eu me arrependo dela.

Enquanto você respirar, terá arrependimentos.

Certa vez, um homem me contou sobre um evento familiar que estava planejando chamado "Sem arrependimentos". Para mim, o nome sugere que o evento foi organizado por um ingênuo e fascinado recém-casado. Um casal sem arrependimentos, afinal, precisa pensar um pouco mais. Se nenhuma categoria surgir desse exercício, pergunte a seus filhos. Os arrependimentos cercam os casais como *paparazzi* em torno da família real britânica.

Mas o evangelho nos encontra em meio à enchente desse lugar inundado de falhas. Jesus escolhe pessoas com arrependimentos como vasos para exibir sua glória. Pedro negou a Cristo três vezes e fugiu no momento de maior necessidade do Salvador. É difícil imaginar que, mesmo depois de ter sido perdoado e chamado (Jo 21.15-19), Pedro nunca tenha sentido arrependimento. Se o evangelho faz sentido para nós, devemos nos ver no fracasso de Pedro. Pessoas que não cometem erros não precisam das boas-novas. Como Jesus disse: "Os sãos não precisam de médico, e sim os doentes; não vim chamar justos, e sim pecadores" (Mc 2.17).

Portanto, devemos reconhecer nossos arrependimentos. Mas também é necessário ver que Cristo nos oferece algo muito melhor do que simplesmente escapar deles. Por meio da cruz, ele nos lembra de que nossos tropeços nunca são grandes o suficiente para interromper seu plano para nossas vidas. Para Pedro, e para todos nós, há esperança além do arrependimento. Porque nosso glorioso substituto morreu e ressuscitou, "sem arrependimentos" foi substituído por "sem registros".

Você percebe como isso muda a maneira pela qual pensamos sobre nosso casamento? Podemos viver e liderar com esperança mesmo em meio a sonhos frustrados — não porque faremos tudo certo, mas porque seguimos um Salvador que fez. Somente a partir desse berço de segurança podemos admitir o egoísmo, a solidão e o arrependimento. E dessa postura humilde podemos erguer nossos olhos para aquele que promete usar até mesmo o que percebemos como perdas e sofrimentos, e tornar isso em algo belo. Como diz o salmista:

> Mudaste o meu pranto em dança;
> a minha veste de lamento em veste de alegria,
> para que o meu coração cante louvores a ti e não se cale.
> Senhor, Deus meu, eu te darei graças para sempre.
> (Sl 30.11,12, NVI)

A LIÇÃO DO GORILA

Juntos, descobrimos que as pessoas muitas vezes veem o casamento não como um meio de crescimento pessoal ou conjugal, mas como um direito devido a elas em sua busca por realização pessoal, como um meio para se tornarem felizes e completas. Mas isso é a realização de um sonho não firmado na realidade. Tais sonhadores se recusam a reconhecer uma verdade fundamental: *nunca conhecemos totalmente a pessoa com quem nos casamos*. E, se a conhecemos agora, não conhecemos as cinco ou seis pessoas diferentes que ela se tornará nos próximos cinquenta anos de vida.

No minuto em que você se casa, uma nova civilização começa. Como resultado de sua união, você e seu cônjuge começarão a mudar profundamente. Ficamos esperançosos com a trajetória imaginada, mas é impossível saber. A descoberta dessa realidade inesperada desencadeia o momento decisivo em cada casamento. O que fazemos quando descobrimos coisas que não vimos antes? Como reagiremos quando mudanças profundas ocorrerem na pessoa a quem agora nos sentimos presos? O que nossa resposta diz sobre nossos verdadeiros sonhos para o casamento? Somente o compromisso de buscar fielmente a Deus e um ao outro irá nos atar a uma vida de amor e amizade.

Lembra-se do gorila invisível? Agradeço a Deus por aquele estudo de Harvard. Ele revela que o que vemos é moldado pelo que esperamos ver. Nossos sonhos sobre o casamento e o que ele deve ser são uma influência poderosa. Expor algumas dessas expectativas o ajudará a ter uma visão mais ampla do plano de Deus.

A verdade é que nossos sonhos podem parecer limitar Deus. Mas ele está trabalhando, fazendo mais do que podemos ver.

MOMENTO DECISIVO 8: QUANDO OS SONHOS SÃO FRUSTRADOS

Todos se casam com um sonho. Nossa visão do casamento é profundamente moldada pelo que esperamos ver. Quando um sonho é frustrado, isso pode afligir a alma e desorientar o casamento.

	O MOMENTO	NOSSA RESPOSTA
A decisão pela verdade	Eu me preocuparei apenas em realizar meus sonhos para esse casamento?	*Ou* verei Deus trabalhar em momentos e lugares inesperados em que meus sonhos foram frustrados?
O custo exigido	Eu me recusarei a deixar que o casamento tome minhas prioridades, liberdade e pensamento egocêntrico?	*Ou* acolherei o tipo de amor que refreia preferências, prerrogativas e privilégios?
A oportunidade de exaltar a Deus	Verei os sonhos do casamento como direitos devidos a mim em minha busca por realização pessoal?	*Ou* verei os momentos em que os sonhos são frustrados como oportunidades de crescimento pessoal e conjugal?
Como isso edifica a alma	Sonharei com o amor apenas como um sentimento intenso de afeição romântica?	*Ou* o amor centrado na promessa, o qual resulta em piedade, vulnerabilidade e perseverança, definirá nosso casamento?
Como isso define nosso destino	Negligenciando a amizade que tenho com meu cônjuge e concentrando-me apenas no que é funcional e urgente, desistirei de buscá-lo e chafurdarei na solidão ou na sensação de ter sido desviado ou defraudado?	*Ou* buscarei meu cônjuge — abrindo-me, fazendo boas perguntas, planejando experiências compartilhadas e encorajando-o com serviço e surpresas — com o objetivo de reacender nossa amizade?

CAPÍTULO 10

Momento decisivo 9:
Quando os filhos vão embora

Tiago saiu de casa para fazer faculdade.

João conseguiu um emprego em outra cidade.

Cristina entrou para o exército; ela está indo para o campo de treinamento.

Antônio mudou-se para outro estado a fim de ficar com seus amigos.

Catarina se matriculou em um curso profissionalizante... A quatrocentos quilômetros de distância.

Quartos vazios. Espaços desertos. Cadeiras vagas à mesa. Tudo acontece tão rapidamente. O frenesi de manter os adolescentes no horário termina abruptamente, como a frenagem de uma montanha-russa em um parque de diversões. Em um minuto você está segurando firme sua preciosa vida; logo depois, o brinquedo derrapa até parar.

Seus filhos se foram, e você fica nesse pântano surreal e atordoante de emoções, tentando entender por que todos desapareceram. Quem é você quando não é mais necessário como conselheiro, motorista, banqueiro, cozinheiro ou xerife?

Sweet Honey in the Rock, um conjunto vocal afro-americano, adaptou um poema de Khalil Gibran intitulado "Sobre filhos". Se você já viu seu filho dizer "sim" e, depois, lhe deu um beijo de adeus, as palavras dessa música soam como um velho sino dentro de sua alma:

> Seus filhos não são seus filhos.
> Eles são os filhos e filhas do anseio da Vida por si mesma.
> Eles vêm através de você, mas não de você,
> e, embora estejam contigo, não pertencem a você.[1]

A música prossegue descrevendo como damos aos nossos filhos afeto, abrigo e direção, mas não podemos controlar o que eles recebem, "pois eles têm pensamentos próprios". Amamos nossos filhos, mas não podemos determinar seu futuro.

QUANDO SEUS FILHOS SE CASAM

Já é bastante coisa negociar a saída de um filho de casa. Não obstante, quando nossos filhos se casam, há dinâmicas peculiares que revelam alguns sonhos profundamente enraizados. Sabemos que a separação resulta na partida (Gn 2.24), mas quem sabe o que realmente significa partir até experimentar isso? Talvez seja apenas sair de casa ou do bairro. O que quer que signifique, certamente não pode significar que estaremos distantes demais para almoçar juntos todo domingo, certo?

Laura ligava para a filha toda semana para saber se eles queriam almoçar no domingo. Os noventa minutos de viagem faziam com que fosse mais fácil ir visitar um ao outro ou se encontrar no meio do caminho. Mas as ligações constantes começaram a indicar que Laura queria mais do que apenas um tempo com os recém-casados. Laura amava a filha e o novo

---

1 Sweet Honey in the Rock, "On Children", Breaths, faixa 12 (Flying Fish, 1988).

genro, mas estava sofrendo com a perda de todo um estilo de vida. Era difícil abrir mão disso.

Se o casamento de seu filho ou de sua filha não gera a sensação de que algum tipo de arranjo irrevogável aconteceu, então você está fora da realidade. O casamento embaralha a rede relacional, e uma das situações em que mais percebemos isso é quando nossos filhos se casam. Receber um novo genro ou nora na família significa lhe dar visão privilegiada das delícias de sua família... e das disfunções também. O novo cônjuge de seu filho pode ter valores, rotinas e ritmos que refletem o mesmo ethos com o qual você criou seu filho. Ou podem não ter. Receber aquele novo genro ou nora em sua família muitas vezes parece uma experiência transcultural.

Cada família é uma civilização própria, completa, com cultura, dialeto e artefatos valiosos. A primeira exposição de um cônjuge recém-casado pode parecer mais com os primeiros peregrinos discutindo os planos do Dia de Ação de Graças com os índios americanos do que com uma volta ao lar. Ele fica constrangido, como um forasteiro em uma terra estranha, falando uma língua estrangeira. E, quando você olha para ele, você concorda. Parece estranho porque é estranho. Jesus disse: "Por esta causa deixará o homem pai e mãe e se unirá a sua mulher, tornando-se os dois uma só carne" (Mt 19.5). Deus planejou o casamento para criar novas famílias. E, quando seu filho ou sua filha começa uma nova família, significa que ele ou ela *deixou* a sua.

Como jovens casais, normalmente pensamos nisso levando em conta a geografia: "Estou saindo da casa dos meus pais e me mudando com minha nova esposa para o outro lado da cidade". No entanto, quando casamos um de nossos filhos, descobrimos que esse novo casamento também altera nossa autoridade e responsabilidade. Há uma mudança enorme em nossa função. Você não deixa de ser mãe ou pai, mas não pode esperar ser honrado ou seguido da mesma forma que era quando ele era pequeno. O modo como o tempo é gasto, a frequência com que estão juntos, onde acontecem as festas, suas expectativas de ver os netos, a forma como opiniões ou conselhos são compartilhados — todas essas bênçãos gloriosas devem sair da esfera de autoridade e expectativa e entrar na esfera de influência e colaboração.

Abrir mão de um filho ou uma filha é um teste significativo. Revela o quanto confiamos na soberania de Deus na vida de nossos filhos; revela onde está firmada nossa própria segurança emocional; e revela, de forma significativa, o que realmente entendemos sobre liderança.

ANTECIPANDO A FORMA COMO A AUTORIDADE MUDA

Quando as crianças são pequenas, nós, pais, temos que estabelecer que somos a autoridade na família. As crianças aprendem a "obediência atenta". Você obedece *imediatamente* porque seus pais o amam e protegem. Os filhos devem vir quando são chamados, porque mamãe e papai sabem o que fazem. Somos maiores. Temos mais experiência de vida. Estamos mais cientes do perigo potencial, por isso devemos estar no comando. E a verdade é que estabelecer sua autoridade quando seus filhos são pequenos não é tão difícil. Não tenho a intenção de menosprezar as crianças geniosas e os terríveis dois anos. Mas, no fim das contas, é muito mais fácil liderar alguém que pode ser influenciado pela ameaça de ficar sem sobremesa. Além disso, você é simplesmente maior e mais sábio do que seus filhos pequenos, então é fácil dizer-lhes o que fazer. O que eles podem fazer a respeito? Mesmo que gritem por horas, no fim acabam adormecendo.

À medida que nossos filhos crescem, porém, naturalmente começamos a perder parte desse tipo de autoridade. Um filho pode ficar mais alto e mais forte do que sua mãe. Uma filha pode crescer o suficiente para ser mais esperta que seu pai. Filhos mais velhos choram menos, mas têm táticas. Eles aprendem a negociar, a jogar mamãe e papai um contra o outro e, finalmente, a pegar as chaves do carro e sair sem pedir. Gostemos ou não, temos que permitir que os filhos mais velhos façam suas próprias escolhas. Aqui está a verdade: Deus criou os pais — como todas as formas de liderança — para, com o tempo, abrirem mão dos filhos.

Se não aceitarmos essa verdade, ficaremos exigentes e irados. Na verdade, um pai que não quer abrir mão de sua autoridade sobre os filhos me lembra o rei Nabucodonosor.

Em Daniel 2, o rei Nabucodonosor tem um pesadelo. Mas esse sonho, peculiar e assustador em suas particularidades, tem um eco enigmático de verdade. Acordado, um perturbado Nabucodonosor reúne uma corte de conselheiros para procurar a interpretação do sonho. Até aí, nada incomum. Se você é um rei com um sonho ruim que parece assustadoramente real, conseguir ajuda representa uma boa ação governamental.

Mas Nabucodonosor tem uma expectativa absurda. Aquele que o ajudar, ele decreta, deve fornecer não apenas a interpretação do sonho, mas o próprio sonho. No mundo da adivinhação dos sonhos, esse é um parâmetro totalmente novo. "Uma coisa é certa", insiste Nabucodonosor, "se não me fizerdes saber o sonho e a sua interpretação, sereis despedaçados, e as vossas casas serão feitas monturo" (Dn 2.5). Se uma pessoa não se apresentar com conhecimento profético, Nabucodonosor vai exterminar todo o seu gabinete!

Congele a cena por um segundo. Por que raios Nabucodonosor está tão chateado? Ele está prestes a romper uma artéria porque ninguém sabe os detalhes de seu pesadelo. Ele quer um leitor de sonhos, que é, eu acho, um leitor de mentes que trabalha no turno da noite. O que poderia salvar seus conselheiros?

Poucas horas antes do massacre, Deus usa Daniel para fornecer o que Nabucodonosor exige. Mas sua graça salvadora não deve ofuscar o impulso por trás desse decreto real. Quando uma pessoa é investida de autoridade — seja no trabalho, na igreja ou em casa —, o coração entra em guerra com as expectativas. Quanto mais ele perde, maiores ficam suas demandas.

Funciona assim: com a liderança, vêm certos privilégios e prerrogativas. Aquela criança aprende a obedecer imediatamente. Logo ele aprende a buscar o controle remoto para você. Ele é bom nisso. Ele até gosta de fazer isso! Não há nada de intrinsecamente errado nisso, até que o papai aprende a *esperar* isso de seu filho. No início, nós apreciamos o bom trabalho que nosso filho está fazendo. Mas então começamos a sentir que *merecemos* uma certa resposta, então, quando pedimos ao menino que pegue o controle remoto e ele diz "não", há uma súbita tentação de ficar indignado. Por que você ficou tão nervoso? Isso é mais do que um simples desejo de corrigir a rebelião infantil.

Percebe? Uma transformação aparentemente sutil, mas totalmente radical, ocorreu. Ficamos inchados com a importância que pensamos ter, e nossas bênçãos se tornam nossos direitos. Agora pensamos que merecemos o que nossos filhos nos dão. E nossa identidade, que deve ser ancorada não no nosso papel parental, mas no que Cristo realizou, ficou ligada à nossa posição de pai ou mãe. Porque temos a função, começamos a exigir também certos benefícios.

Ao compreendermos o papel de liderança dos pais ao longo dos tempos, fica claro que os pais terrenos exercem um tipo de *autoridade decrescente* na vida de seus filhos. Conforme a criança amadurece e o relacionamento evolui, a responsabilidade dos pais sobre o filho muda e o alcance do poder diário dos pais é reduzido. Em outras palavras, sua autoridade não é um dom inalterável de Deus, mas um *papel mutável* que deve se adaptar às necessidades e ao nível de maturidade do filho. Essa redução da responsabilidade parental é geralmente simétrica à maturidade da criança. De fato, a autoridade dos pais passa por mudanças definitivas por meio de certos marcos: saída de casa, casamento e nascimento dos netos. Certamente, sempre teremos o privilégio e a honra de ser mães e pais (Êx 20.12), mas, na prática, a autoridade e a responsabilidade passam com o tempo.

C. S. Lewis anteviu essa mudança de papel:

> Mas o apropriado no ato de dar é colocar a pessoa recipiente num estado em que ela não mais necessita de nossa dádiva. Alimentamos as crianças para que elas possam logo ser capazes de se alimentar; nós as ensinamos para que

logo não tenham necessidade de nosso ensino. Portanto, por trás do amor Dádiva há uma tarefa pesada. Ele precisa trabalhar sua própria abdicação. Precisamos ter como objetivo ser supérfluos. A hora em que somos capazes de dizer: "Eles não precisam mais de mim", deveria ser nossa recompensa.[2]

Quando formas pré-adolescentes de responsabilidade e autoridade são exercidas sobre filhos adultos, os resultados são tipicamente desastrosos. Mas os pais sábios em uma família saudável reconhecem que a maturidade do filho alterou seu papel e mudou a natureza de seu relacionamento. Dito isso, devo ser honesto em dizer que adaptar-se a essas mudanças é uma luta para todos nós. Mesmo nas estruturas familiares mais saudáveis, duas armadilhas tendem a prender pais de filhos adultos.

ARMADILHA 1: OS PAIS EXIGENTES

É raro que um jovem casal comece uma nova família com humildade madura. Eu não comecei, e você provavelmente também não. É especialmente difícil quando encontramos a família de nosso novo cônjuge pela primeira vez. Aprendemos sobre o tio Zé, cujo charme singular é ficar sem calças nas reuniões familiares. Pode até haver uma história de vício e relacionamentos tensos que você não esperava. Quando um rapaz ou uma moça descobre as "belas" almas de quem seu cônjuge provém, pode haver a tentação de julgar... Ou de

---

[2] C. S. Lewis, *The four loves* (New York: Harcourt, Brace and Company, 1960), p. 76 [edição em português: *Os quatro amores* (Rio de Janeiro: Thomas Nelson Brasil), p. 51].

tentar convencer seu cônjuge da superioridade dos costumes de sua própria família.

Com o tempo, se amadurecemos, aprendemos que conversar com nosso cônjuge sobre qualquer fraqueza que experimentamos em sua família exige graça e caridade. Também aprendemos a entrar nas interações familiares com baixas expectativas e uma postura de humildade. Aprendemos a celebrar o que é bom, discernir o que é mau e evitar reações exageradas. Afinal, a Bíblia nos diz: "Pagai a todos o que lhes é devido: [...] a quem respeito, respeito; a quem honra, honra" (Rm 13.7); e perto do topo da lista dos dignos de honra para Deus estão mãe e pai (Dt 5.16).

Mas o que acontece quando o jogo vira?

O que acontece quando você está entregando seu filho a um novo cônjuge? O que acontece quando seu filho ou sua filha, que você educou para honrar as tradições de sua família por anos, de repente traz um intruso para dentro de sua casa, um com dificuldades para aceitar seus costumes? Você consegue ser paciente e gentil com esse jovem metido a besta? Ou fica tentado a ficar com raiva e exigir respeito?

Nabucodonosor havia se exaltado, e suas expectativas aumentaram e se transformaram em exigências. Seu egocentrismo produzia demandas irracionais porque ele se via como digno de respeito supremo. Em sua vida, ele queria uma ajuda melhor, até mesmo uma ajuda perfeita. Um bom anúncio de emprego diria:

> Somente aqueles com habilidades divinas devem se inscrever! O rei merece. Seus sonhos exigem. Coitado do

pobre conselheiro que tem um dia ruim. Poucas coisas irritam mais um rei do que ter pessoas ao seu redor que não conhecem seus sonhos secretos. Aqueles incapazes de cumprir os objetivos irracionais ou insondáveis do rei recebem sua fúria.

Talvez você nunca tenha tido um temperamento como o de Nabucodonosor. Temos maneiras mais discretas de nos irritar, como comparar amargamente nossa família com outras que consideramos inferiores. *Temos princípios*, pensamos. Ou até mesmo rebaixar diretamente a família de seu genro ou de sua nora para parecermos melhores.

De onde vem essa raiva passivo-agressiva?

Preste muita atenção àquilo que o deixa com raiva, porque o que incita a sua ira revela o seu coração. Lembro-me de gritar com um dos meus filhos porque ele cometeu um erro que me deixou mal. Afinal, as crianças nascem para fazer seus pais ficarem bem, certo? Nesse caso, ele estava falhando em uma das razões de sua própria existência! Que audácia! As expectativas se tornam irracionais quando a alma fica inflada com o nosso ego.

Felizmente, quando voltei para casa, o Espírito de Deus estava esperando por mim com o doce presente da culpa. E, adivinha só? Minha raiva não era justa, como geralmente presumo. Era o orgulho ferido de um pai cuja reputação foi momentaneamente arranhada. Era o meu coração falando, repleto de amor-próprio (Mt 12.34).

Mas o evangelho falou mais alto. Alto o suficiente para eu ouvir, me arrepender e voltar para o meu filho com o coração contrito.

O evangelho é o alfinete de Deus para estourar os corações e cabeças paternas infladas com direitos. Sou grato por suas fiéis picadas que diminuem meu orgulho e restauram meu coração à sua proporção adequada. Quando não consigo ouvir o evangelho, eu me exalto, minhas expectativas aumentam e minha mente visita alguns lugares estranhos e ideias absurdas. Assim como Nabucodonosor.

ARMADILHA 2: OS PAIS CARENTES

Você ouve o brinde o tempo todo: "Não estou perdendo um filho; estou ganhando uma filha!" (ou vice-versa). É um belo gesto, que pode fazer uma noiva sentir uma conexão mais profunda com sua nova família. Mas às vezes essa afirmação carrega o peso de expectativas emocionais e relacionais. Antes de abrir mão de nossos filhos, precisamos nos fazer as seguintes perguntas: Nós nos vemos como uma fonte de amor e cuidado *para* os recém-casados, ou exigimos, consciente ou inconscientemente, apoio emocional *dos* recém-casados? Estamos adicionando fardos, dividindo fardos ou retirando fardos?

Luciano sempre teve um sonho. Começou com cinco filhos, dois meninos fortes e três meninas delicadas. Vindo ele mesmo de um lar desfeito, Luciano entendia a importância da família. Ele diria a você que a família ficava em terceiro lugar, depois de Deus e da igreja, em suas principais prioridades. No entanto, se você medisse a conversa em casa e na mesa de jantar, a família realmente ganhava de Deus e da igreja em uma proporção de cinco para um. Na opinião de Luciano, as famílias oravam juntas, viviam juntas e permaneciam juntas. Quando os filhos crescessem e se casassem, isso simplesmente acrescentaria mais lugares à mesa. Era a expansão da família, com Luciano como uma espécie de patriarca.

Quando jovem, Luciano nunca teve uma família estável, então precisava que a sua própria permanecesse perto. Ele entendeu que "deixar pai e mãe" significava que seus filhos mudariam de residência. Mas ele não conseguia imaginá-los saindo do estado.

Pergunte aos filhos de Luciano como eles se sentiam e eles resumiriam em uma palavra: *pressão*. Eles amam o pai, mas além da pressão normal de acomodar uma série de tradições familiares e o malabarismo em relação aos outros parentes nos feriados, havia a pressão adicional de nunca decepcionar o pai.

Luciano inverteu algumas coisas. Ser pai é carregar o fardo emocional de seus filhos, não pressioná-los e manipulá-los para que atendam às suas necessidades. O tipo mais saudável de sistema familiar é aquele em que os pais seguram um espelho para os filhos.[3] Um pai com um espelho ajuda seus filhos a expressarem suas emoções. A criança começa a desenvolver um vocabulário em torno da vida interior, o que ajuda a solidificar o cerne do eu. Esse tipo de espelhamento de emoções é essencial para a criança compreender que é amada, valorizada e aceita.

Em uma configuração disfuncional, no entanto, o espelho é invertido. Como as necessidades dos pais têm prioridade, os filhos ficam segurando o espelho, refletindo para os pais o que eles querem e precisam ver. Quando isso acontece, os filhos aprendem a desempenhar um papel específico na família — o papel de estabilizar emocionalmente os pais.

---

3 Sou grato a Jack Nicholson, fundador e presidente da SageQuest Consulting, por sua percepção sobre pais carentes e a analogia do espelho.

Luciano não via seus filhos casados como parte de famílias recém-formadas; em vez disso, via essas novas famílias como extensões da sua. Ele se sentia dono do tempo, da iniciativa e do apoio emocional de seus filhos adultos, principalmente durante os feriados.

Como a sra. Bennet em *Orgulho e preconceito*, pais carentes tentam satisfazer seus próprios desejos por meio de seus filhos. Isso pode vir da história da própria família, de expectativas patriarcais ou simplesmente de má aplicação das Escrituras que vincule os filhos aos desejos dos pais. Os psicólogos chamam o que eles fazem de "emaranhamento emocional". Seja qual for o nome, sempre sai pela culatra. O comportamento da sra. Bennet prejudica mais do que ajuda as chances de casamento de suas filhas. Ela incentiva o mau comportamento de Kitty e Lydia e tenta empurrar Elizabeth para um casamento que ela não deseja. Ela é um retrato literário de como é colocar fardos sobre nossos filhos, em vez de aliviá-los (compare Mt 23.4 com Mt 11.28-30).

Filhos que crescem nesse tipo de ambiente insalubre podem, às vezes, conservar um senso sólido de identidade. Porém, com mais frequência, eles misturam sua identidade com a aprovação de seus pais. Você simplesmente não pode segurar o espelho para seus pais e ter as duas coisas. Na maioria das vezes, os filhos não têm compreensão ou força para arriscar o medo de decepcionarem — ou mesmo de serem abandonados por — seus pais, então se acomodam às necessidades dos pais e se rendem. Um filho nesse tipo de família pode descrevê-la assim: "Se eu desempenhar meu papel, mamãe e papai ficam estáveis. Senão, haverá um preço emocional a pagar". Filhos assim vivem segurando o espelho.

ENTÃO, O QUE DEVO FAZER?

Um filho que deixa o ninho, seja por meio do casamento, seja por alguma outra situação, levanta questões instintivas em mães e pais. É bom conhecer e antecipar as tentações que podem afetá-lo, mas também é importante saber como você reagirá quando essas questões surgirem. De que forma pais saudáveis se preparam para deixar seus filhos partirem? Aqui estão algumas coisas a considerar.

- *Antecipe o impacto emocional.* Culpa, tristeza, arrependimento, nostalgia, ansiedade, perda e falta de objetivo. Todas essas são reações comuns de pais lidando com o esvaziamento de seu ninho. Leia o livro de Salmos e veja como os salmistas lidaram com sentimentos semelhantes de perda, ansiedade e mudança. Deixe a Palavra de Deus alimentar sua alma. Passe tempo suficiente sozinho. Abra sua alma para o Senhor e permita que ele firme seus sentimentos. Lembre-se de que não é trabalho de seus filhos — tampouco de seu cônjuge — realizar seus sonhos ou satisfazer seus anseios. Somente Cristo pode satisfazer sua alma.

- *Antecipe alguma distância.* Não é pessoal nem uma avaliação de sua paternidade. Os recém-casados têm um mundo inteiramente novo ao qual se acostumar. O mesmo se aplica a um jovem que trabalha e mora sozinho pela primeira vez. Resolver as coisas por conta própria é importante para seu treinamento e crescimento, porque ele enfrentará problemas maiores no futuro. Se seus filhos se casaram, estão aprendendo a viver a realidade do que significa "deixar pai e mãe e unir-se" ao novo cônjuge (cf. Gn 2.24). Essa passagem pode ser dolorosa para nós como pais, mas é absolutamente essencial para nossos filhos casados.

- *Considere seu próprio casamento.* É provável que seu casamento tenha se ajustado ao ritmo e às pressões da adolescência. Muitos pais com o ninho vazio veem seus filhos dizerem "sim" ou "até logo" e descobrem que têm pouco a conversar além das crianças. Reconheça essa inevitabilidade e prepare-se agora. Que livros vocês vão querer ler juntos? Quais hobbies vocês terão? Como servir à igreja em seu tempo livre? Já conversaram sobre viajar? Aprenda a ver a saída das crianças como uma oportunidade de reaquecer partes de seu relacionamento que foram colocadas em banho-maria enquanto havia crianças por perto.

- *Seja espelho para seus filhos.* Aqui estão algumas coisas realmente importantes que os filhos que estão por conta própria precisam ouvir de seus pais: "Não é seu trabalho realizar nossos sonhos. Nós amamos estar com você, mas não precisamos que você esteja aqui. Queremos delegar a você sua própria visão para as visitas familiares e os feriados, e você tem total permissão para nos decepcionar". Quando falamos palavras que empoderam, tais como essas, nossos filhos começarão a se sentir valorizados e a ver que respeitamos suas escolhas de vida.

- *Finalmente, pense em servir.* Os filhos adultos muitas vezes se perguntam se seus pais estão entrando em contato para satisfazer alguma necessidade ou para passear pelo túnel do tempo. Surpreenda-os ligando para saber como você pode ajudá-los. Como você pode orar por eles? Quais são suas necessidades agora? Eles têm algum projeto em que precisam de ajuda? Estão prontos para uma babá? Posicionar-se entre seus filhos como alguém que serve pode acabar fazendo com que você seja convidado à mesa com mais frequência (Lc 22.27). Mas, sendo ou não, servir honra a Deus, e é simplesmente mais saudável do que sempre precisar ser servido por seus filhos.

Cabe um aviso aqui. Muitas vezes incentivo pais experientes a deixarem um legado para a próxima geração, compartilhando com seus filhos recém-casados o que aprenderam sobre o casamento. Essa é uma oportunidade de serviço importante, mas caminhe sempre com cuidado e guarde seu coração para evitar estar servindo a si mesmo. Você pode dizer algo como: "Ficaríamos honrados em compartilhar nossos pensamentos e estímulos com vocês. Eles podem ajudar, mas sempre pediremos permissão. E, se não fizermos isso bem, por favor nos avisem".

O PAI SUPREMO

Deus nos mostra como é ser o pai supremo, sempre dando apoio em vez de precisar dele. Ele nos mostra como abrir mão da autoridade e do respeito, em vez de se apegar a eles como Nabucodonosor. E, para essa virtude, precisamos buscar um rei melhor, aquele que não considerou a igualdade com Deus — e a honra e o respeito que vêm com essa posição — como algo para usar em seu proveito, mas que, em vez disso, se esvaziou e assumiu a forma de servo (Fp 2.5-11).

Cômodos vazios, espaços desertos e cadeiras vagas à mesa são um breve fardo confinado a esta vida. Os "sim" desta vida apontam para o "sim" definitivo, quando a Noiva estará finalmente pronta e encontrará seu Noivo celestial para a grande festa de casamento. Quando chegarmos ao novo céu e nova terra, nos reuniremos com todos os crentes de quem fomos separados. E vamos sentar e comemorar sem nenhuma preocupação com o tempo se esgotando. Teremos todo o tempo que podemos desejar para compartilhar com aqueles que amamos. A eternidade será nossa, porque o tempo não mais existirá.

MOMENTO DECISIVO 9: QUANDO OS FILHOS VÃO EMBORA

Um filho que deixa o ninho, seja por meio do casamento, seja por alguma outra situação, levanta questões instintivas em mães e pais. É bom conhecer e antecipar as tentações que podem afetá-lo, mas também é importante saber como você reagirá quando essas questões surgirem.

	O MOMENTO	NOSSA RESPOSTA
A decisão pela verdade	Eu exijo, consciente ou inconscientemente, apoio emocional *de* nossos filhos adultos?	*Ou* me vejo como uma fonte de amor e cuidado *para* nossos filhos adultos?
O custo exigido	Espero ou até sinto que mereço certas respostas de nossos filhos adultos?	*Ou* entenderei que nosso papel como pais muda e que nossa autoridade deve diminuir à medida que os filhos crescem e, por fim, saem de casa?
A oportunidade de exaltar a Deus	Como o velho Nabucodonosor, exigirei que nossos filhos atendam a todas as minhas expectativas?	*Ou* olharei para o melhor Rei, aquele que não considerava ser igual a Deus como algo para usar em seu próprio benefício, mas que, em vez disso, se esvaziou e assumiu a forma de servo (Fp 2.5-11)?
Como isso edifica a alma	Precisarei que nossos filhos sejam espelhos para mim, esperando que eles reflitam o que quero e preciso ver? Precisarei que eles desempenhem um papel estabilizador em nossa vida e em nossa família?	*Ou* firmarei minha vida emocional em minha caminhada com Deus e serei um espelho *para* nossos filhos, ajudando-os a ver que são amados, valorizados e aceitos?
Como isso define nosso destino	Eu me sentirei traído e abandonado por quartos vazios, espaços desertos e cadeiras vagas?	*Ou* encontrarei minha satisfação final somente em Deus e aprenderei a ver as oportunidades que ele me deu para crescer em uma nova etapa da vida?

CAPÍTULO 11

MOMENTO DECISIVO 10:
QUANDO VOCÊ APRENDE QUE DESFECHOS SÃO SUPERESTIMADOS

A chuva marcava a areia enquanto fiapos de névoa circulavam a água. Rhoda, a protagonista do filme, de oito anos, desfilava desafiadoramente, até malevolamente, em direção ao cais. Seus olhos vazios escondiam um mal inquieto, o estímulo inominado por trás de seus crimes indescritíveis. De repente, um raio cortou o céu e, com uma vingança quase cirúrgica, atingiu o exato local onde ela estava. Rhoda simplesmente evaporou. A mensagem inegável era que essa má semente fora julgada, considerada culpada e sentenciada nas cortes celestiais. A pena era a morte.

Dizer que esse filme, *A tara maldita* (*The bad seed*, 1956), deixou meu cérebro de oito anos apavorado não chega nem perto de descrever o trauma. Quando digo "apavorado", quero dizer que perdi três semanas de sono debruçado sobre minha curta vida em busca de sinais da "semente ruim"[1] dentro de mim. Acordei meus pais tantas vezes que eles ameaçaram me obrigar a assistir de novo se *algum dia* eu voltasse ao quarto deles. Eles simplesmente não entendiam. Quero dizer, claro, devia haver diferenças entre Rhoda e eu. Mas e se Deus não percebesse essas distinções? Meio século depois, posso assegurar que existem poucos dispositivos tão bem projetados para provocar medo em

---

1 N. do R.: A tradução literal de *The bad seed* é "A semente ruim".

um cérebro em desenvolvimento do que ficar deitado na cama pensando se seus delitos escaparão do raio da justiça de Deus. Até hoje acho que o filme foi uma estratégia da Warner Bros. para transformar crianças malcriadas em boazinhas. Funcionou perfeitamente comigo — pelo menos por alguns dias.

Recentemente, li algo bastante irônico sobre o romance em que se baseou o *thriller* psicológico cinematográfico que me marcou. No final do livro, na verdade é a mãe que morre — a malvada Rhoda vive. Mas com base no Código de Produção Cinematográfica, um conjunto de diretrizes morais para a indústria cinematográfica, a associação Motion Picture Association of America (MPAA) determinou que o final do filme deveria mudar. A conclusão do livro quebrava uma de suas normas cardeais para o cinema da época: *quando o mal aparece, deve receber justiça*. A maldade não pode permanecer sem solução ou resposta; tem que ser resolvida até o final do filme. Então, eles reescreveram o final e fizeram com que Deus fulminasse Rhoda.

É engraçado descobrir que houve um tempo em que as classificações funcionavam dessa forma. Gostaria que tivéssemos essa opção na vida real. Não seria bom se houvesse um grupo autorizado a reescrever nossos finais para que todo erro fosse resolvido, todo arrependimento fosse milagrosamente redimido e todo mal fosse levado à justiça? Mas um mundo caído não tem uma associação MPAA reescrevendo nossas histórias para garantir uma resolução. Não há contratos que garantam que o encerramento acontecerá ou que sairemos satisfeitos do teatro da vida porque tudo foi arrumado e coberto com uma bela cereja.

Não, em um mundo caído não há garantia de um desfecho feliz ou de um final feliz.

Eu odeio isso. Faz a vida parecer tão vulnerável; tão imprevisível. E acho que quanto mais velho fico, mais essa ausência de um desfecho funciona como uma pedra no meu sapato. Quanto mais caminho, mais ela dói. Mas com o passar dos anos descobri algo. No mundo do casamento, a maneira pela qual nos relacionamos com essas pontas soltas — as áreas onde não temos um desfecho — pode se tornar um momento decisivo em nossa vida.

O que um casal faz quando as dificuldades persistem, quando os problemas parecem irremediavelmente em aberto? Como entendemos as situações cuja resolução poderia trazer tanta glória a Deus? Como podemos continuar quando essa experiência permanece fora do nosso alcance, fugindo de nós, zombando de nossas esperanças? Como devemos reagir quando a falta de resolução se torna tão opressiva e penosa que o casamento corre o risco de desabar sob seu peso?

Muitos de vocês que estão lendo isto sabem exatamente do que estou falando.

- Seu cônjuge lhe diz coisas horríveis e não mostra sinais de mudança.
- Apesar de seus esforços para ser gentil, seus sogros agem como feras.
- Problemas congênitos descartam efetivamente qualquer esperança de seu filho ter uma vida normal.
- Seu cônjuge comete adultério e deixa você por outro homem ou mulher. A não ser por um milagre, não há sinais de arrependimento ou retorno à vida que vocês tinham antes.

- Sua igreja se divide. A comunidade que você desfrutava agora está polarizada e fragmentada.
- Você sofre um divórcio chocante em que... bem, digamos apenas que as coisas ficaram feias.
- Apesar de muitos apelos e pedidos de perdão, seu amigo cristão contra quem você pecou não quer mais falar com você.
- Seu cônjuge está sofrendo e não há sinal de alívio.
- Depois de orar por meses para que seu trabalho melhore, sua empresa repentinamente passa por cortes e incentiva você a "explorar outras opções".
- Seu filho adolescente foge sem planos de voltar. Após algumas semanas, você percebe que ele está seguindo em frente com a vida. Seus sonhos para esses anos foram soprados de suas mãos como cinzas ao vento.
- A vida com seu cônjuge é... bem, é *chata*! E não há sinal de mudança tão cedo.

Bem no fundo de cada um de nós há um desejo de entender por que as coisas acontecem — especialmente aquelas que deixaram feridas abertas e dolorosas. Queremos saber o que elas significam, o que pode então nos fornecer algumas informações internas sobre quanto tempo algo vai durar. Temos a sensação de que podemos suportar — mesmo por muito tempo — se soubermos que a resolução está chegando. Mas perseverar sem esperança de um desfecho, especialmente no contexto do casamento, pode nos desorientar.

Afinal, essa mentalidade parece ter lógica. Estava no contrato de conversão, não estava? Ou talvez fosse apenas um entendimento implícito com Deus. Se amamos Jesus e tentamos viver de acordo com a Bíblia, ele sempre dará suporte. Sabemos que ele nos ama com um amor eterno, então, neste arranjo, parece que Deus nos deve um pouco de desfecho e resolução para essas dificuldades imprevistas. Afinal, ele está no nosso time, certo?

Mas a vida é desconcertante. O casamento em um mundo caído traz sofrimento emocional. Sentimos um abismo em nosso coração quando percebemos que aquilo com que nos comprometemos — tanto com Jesus quanto com nosso cônjuge — não nos dá todas as respostas que esperávamos. *Se Deus estivesse realmente presente*, pensamos, *ele resolveria a dor e a complexidade*. Como filho de Deus, ter uma vida bem resolvida deveria ser uma das vantagens, certo? Mas, ora bolas, a vida continua em aberto. E permanece em aberto por períodos que nos forçam muito além de nossa fé, nossa determinação e nossas expectativas para o casamento.

O que fazemos? Para onde nos voltamos quando sentimos que precisamos de certos resultados em nosso casamento para seguir em frente? Como vivemos sem nos tornarmos cínicos — sem sentir que o casamento e Deus nos defraudaram?

A complexidade e a importância dessas questões explicam por que aprender a conviver com a falta de desfecho se torna nosso próximo momento decisivo no casamento.

UM MUNDO CAÍDO DEIXA A VIDA EM ABERTO

Meu pai tinha sua cota de defeitos, mas chegar atrasado não estava entre eles. Sua consideração pela pontualidade era profunda. Limites de velocidade e placas de parada viravam meras sugestões quando meu velho tinha um compromisso. Ele preferiria perder um membro do corpo do que se atrasar.

Quando se tratava de pontualidade, meu pai estava em um patamar próprio.

Mas papai não era perfeito. Ele estava sujeito às leis e limitações da vida em um mundo caído — um mundo onde desfecho, resolução e consistência absoluta são impossíveis. Neste mundo, mesmo as pessoas que amamos e que mais nos amam não conseguem sempre estar presentes. Quando o câncer apareceu, meu pai — o ex-metalúrgico da Marinha, casado com minha mãe por 37 anos — lutou como um campeão dos pesos pesados, mas perdeu.

Mesmo que entremos na nova vida do reino de Deus na conversão (Cl 1.13), ainda habitamos um mundo caído. O reino está presente, mas ainda não foi consumado. A salvação veio, mas a imperfeição e a morte persistem. Lembra-se do segundo círculo sobreposto do capítulo 2? Somos seres caídos com corpos decadentes. O poder do pecado foi quebrado, mas sua presença permanece.

Não sei se você já pensou nisso, mas essas realidades nos prendem a pessoas inconsistentes e a tempos em que a falta de desfecho *permanecerá*. Por exemplo, a pessoa que constrói um casamento com base na previsibilidade absoluta de seu cônjuge, mesmo um cônjuge cristão, rapidamente experimenta a realidade e, então, talvez a desilusão. O cantor de música *country* Billy Currington acertou em cheio nesta ironia: "Deus é ótimo, cerveja é bom... e as pessoas são loucas!".

Lembro-me de uma vez ter lido 2 Timóteo — a última carta de Paulo, suas palavras finais e seu testamento — e ficar surpreso com sua paisagem relacional não resolvida: "Estás ciente de que todos os da Ásia me abandonaram; dentre eles cito Fígelo e Hermógenes" (2Tm 1.15). Você quase pode sentir a dor por trás dessas palavras. Você pode ter tido um dia ruim, mas como é ter uma província inteira abandonando você?

Fígelo e Hermógenes o deixaram, mas Paulo está apenas começando. Agora ele é mais específico:

> Evita, igualmente, os falatórios inúteis e profanos, pois os que deles usam passarão a impiedade ainda maior. Além disso, a linguagem deles corrói como câncer; *entre os quais se incluem Himeneu e Fileto. Estes se desviaram da verdade,* asseverando que a ressurreição já se realizou, *e estão pervertendo a fé a alguns*. (2Tm 2.16-18, ênfase do autor)

Você tem um Himeneu ou Fileto em sua vida? Talvez você tenha se casado com um. Pessoas que distorcem suas palavras para encaixá-las em suas narrativas, até mesmo convencendo os outros de que você não é confiável.

Ou você já passou por momentos em que até mesmo sua oração e bondade, longe de eliminar os problemas, pareceram apenas agravá-los?

Foi o que Paulo experimentou. E, para ele, havia mais:

> Procura vir ter comigo depressa. Porque Demas, tendo amado o presente século, me abandonou e se foi para Tessalônica; Crescente foi para a Galácia, Tito, para a Dalmácia. Somente Lucas está comigo. [...] Alexandre, o latoeiro, causou-me muitos males; o Senhor lhe dará a paga segundo as suas obras. [...] Na minha primeira defesa, *ninguém foi a meu favor; antes, todos me abandonaram*. (2Tm 4.9,10,14,16, ênfase do autor)

Depois dos primeiros exemplos, já seria o bastante para mim. Mas os nomes simplesmente continuam para Paulo: Demas, Crescente, Tito. Apenas Lucas ficou. Por fim, o apóstolo chegou ao fundo do poço: "ninguém foi a meu favor; antes, todos me abandonaram" (v. 16). Em um dos momentos mais sombrios, quando sua vida estava sob um ataque indescritível, Paulo ficou sozinho. Então, ele morreu.

Nenhum de nós se inscreve para uma existência atormentada pela deserção. Ninguém pensa em se casar para viver uma vida que termina como a de Paulo. É exatamente o oposto do que pensamos que a vida cristã deveria ser! É tudo tão humilhante, tão sem resposta, tão... em aberto. Se estivermos em um casamento cristão e aplicando o evangelho em nossas vidas, presumimos que as coisas se resolverão. Traumas confusos serão substituídos por um desfecho organizado.

Mas o que você faz se tem uma vida ou um casamento mais parecido com os últimos dias de Paulo; cheio de luto relacional não resolvido, inundado de complexidade? Sem tramas organizadas. Sem resolução. Sem desfecho.

Sério, como sabemos se estamos vivendo uma vida de fé ou se estamos no cativeiro de *expectativas equivocadas* de desfecho? Aqui estão três dicas de expectativas equivocadas.

DICA DE CATIVEIRO 1: ESTOU PROCURANDO PAZ FORA DA FÉ

- Dez anos e ainda nenhuma melhora com seus sogros.
- Você falou com seu cônjuge inúmeras vezes e até procurou aconselhamento, mas as mudanças em seu casamento são imperceptíveis.

- Você queria conversar com sua mãe sobre o que aconteceu com você enquanto crescia, mas agora ela se foi.
- Seu cônjuge fica com raiva, lhe dá um gelo por alguns dias e segue em frente sem nunca discutir a mágoa ou a ofensa que causou.

Todos esses exemplos possuem uma semelhança: não há desfecho, resolução, desculpas ou perdão, nem mesmo "vamos deixar o passado no passado".

Onde você encontra paz? Sabemos que somos chamados para ser homens e mulheres de fé, mas o que isso significa?

Em Hebreus 11, somos presenteados com um rápido passeio pelo "Salão da Fé". Encontramos Abel, Enoque, Noé, Jacó, Moisés e uma série de outros heróis da fé — incluindo algumas surpresas, como discutimos no capítulo 8. Inseridas indiscriminadamente nesse capítulo, estão algumas palavras surpreendentes a respeito desses heróis da fé: "Todos estes morreram na fé, sem ter obtido as promessas" (v. 13). Pense nisso. Cada um dos heróis listados em Hebreus 11 morreu com promessas não cumpridas e sonhos não realizados. Eles morreram sem desfecho.

Hebreus ensina que somos chamados a confiar em Deus em meio a um mundo enlouquecedoramente fraturado, aberto e sem desfechos. Amigos, temos que reconhecer: *desfechos são superestimados*. Deus não promete isso, e não encontramos paz obtendo respostas definitivas. Encontramos paz somente nos apegando a um bom Deus em meio a uma dor desconcertante.

Você foi chamado para ser um marido que confia na providência de Deus, mesmo quando não entende por que a depressão de sua esposa não desaparece. Você foi chamada para ser uma mulher que permanece na fé, apesar de seu marido estar preso ao vício. Não me entenda mal. Você não foi chamado para se contentar com um comportamento pecaminoso ou para se resignar a uma vida sem esperança de mudança. Pelo contrário, você é chamado para uma fé que confia em Deus para transformar seu cônjuge e descansa contente no cronograma dele para isso.

Somos chamados a escapar desse cativeiro. A resistir, emancipados pela realidade de que a verdadeira paz não pode ser ditada pelas pessoas. A paz deve ser encontrada fora da ilusão de desfecho. Em um mundo caído cheio de relacionamentos complexos, os verdadeiros heróis são aqueles que podem ver que a paz duradoura só é encontrada além do túmulo.

Uma vez li a biografia de A. W. Tozer escrita por Lyle Dorsett. Tozer foi um gigante espiritual — um homem de fé espetacular, visão incrível e piedade contagiante. Mas Tozer negligenciou sua esposa, Ada, e sua família de forma bastante impressionante. Aparentemente, Tozer tinha sua mente muito mais voltada para o céu do que para o casamento. Ele viajava prolongadamente e muitas vezes deixava Ada sozinha. Há evidências claras de que ele ignorou as necessidades materiais de sua família. Ele morreu e deixou sua esposa sem um centavo.

Após a morte de Tozer, Ada se casou novamente com um homem chamado Leonard Odam. Dorsett escreve sobre um momento comovente quando pediram que Ada descrevesse sua vida com seu novo marido. "Nunca estive tão feliz na minha vida", observou Ada. "Aiden [Tozer] amava Jesus Cristo, mas Leonard Odam me ama".[2]

---

2 Lyle Dorsett, A passion for God: the spiritual journey of A. W. Tozer (Chicago: Moody, 2008), p. 160.

A. W. Tozer, um pregador extraordinariamente santo e escritor poderoso, era um pecador, e seu pecado moldou a lembrança que sua esposa tinha de seu amor. Ada nunca resolveu a desconexão entre o pregador, um gigante espiritual, e o marido que parecia amar o ministério mais do que a ela. Sua compreensão do casamento deles não estava organizada em um pacote elegante para ela. Como Ada deveria interpretar todos aqueles anos casada com um homem piedoso que nunca se mostrou presente nessa área importante? Como uma esposa segue adiante? De onde ela consegue respostas? Onde ela encontra paz?

Pense em sua própria vida.

O que faz uma esposa em apuros seguir em frente? O que dá o pontapé inicial em um marido perplexo? Essa é uma questão vital. O desejo de encontrar sentido nas reviravoltas absurdas em nossa jornada pode ser muito sedutor. Sentimos que seremos recompostos por meio da interpretação, das desculpas, da restauração, da nostalgia ou do retorno a um passado próspero. Mas o que costuma acontecer é que estamos perdendo a disposição de confiar em Deus. Ao buscar algo de outras pessoas, nós sutilmente marginalizamos Deus.

Quando mantidos em cativeiro por um desejo de desfecho, precisamos de uma fé enraizada na fidelidade de Deus. E sua fidelidade não pode ser avaliada mediante um súbito despertar de significado. O casamento não vem com um rótulo que diz: "Se a resolução não aparecer, devolva imediatamente para obter reembolso total". A fidelidade de Deus não pode ser avaliada mediante uma epifania sobre o que ele está fazendo por meio de nossa dor não resolvida. A fé não precisa de um resultado definido para que Deus possa ser justificado ou compreendido.

A fé, ao contrário, é "a convicção de fatos que se não veem" (Hb 11.1). Esse é o solo em que Paulo finalmente firmou seus pés. Depois de sua longa lista de relacionamentos não resolvidos, ele escreve:

> Mas o Senhor me assistiu e me revestiu de forças, para que, por meu intermédio, a pregação fosse plenamente cumprida, e todos os gentios a ouvissem; e fui libertado da boca do leão. O Senhor me livrará também de toda obra maligna e me levará salvo para o seu reino celestial. (2Tm 4.17,18)

DICA DE CATIVEIRO 2: NA AUSÊNCIA DE UM DESFECHO, TORNEI-ME UM CÍNICO

"Que seja!" Poucas palavras captam mais nossa cultura de desprezo do que essa exclamação ácida. Ouvimos ela com frequência: a resposta de um aluno revirando os olhos na direção de seu professor; o protesto murmurado de um funcionário quando lhe mandam voltar ao trabalho; o murmúrio exasperado de uma mãe atribulada quando o marido diz que não pode pegar as crianças.

"Que seja" é uma onda verbal de rejeição. É a armadura da apatia que protege nosso coração do aborrecimento das demandas de outras pessoas.

A Bíblia diz que as palavras que falamos transbordam de nossos corações (Lc 6.45). Quando o desfecho nos é negado, nossos corações costumam dizer: "Que seja!". É hostilidade com coleira — um ressentimento sutil, irritado, amuado. "Que seja" frequentemente denuncia um coração cínico, cada vez mais duro porque não consegue entender por que seus desejos foram negados. A palavra pode ser ruidosa ou desleixada, forte ou sutil, realçada ou entrecortada, mas seu distanciamento frio oculta mil desilusões desaforadas. Quando nosso pessimismo se torna sombrio, nasce um cínico.

O que exatamente é cinismo? O cinismo "vê" através da aparência do bem e desmascara o "mal" por trás dele. Coloquei "vê" e "mal" entre aspas, porque um cínico verá a pior possibilidade, quer ela exista, quer não. O cinismo transforma o *Saturday Night Live*[3] em um estilo de vida. Tudo é uma piada, e todo mundo é idiota. Tudo na vida se torna uma piada sarcástica.

O cinismo é onde nossa incredulidade e amargura se disfarçam de discernimento.

Quando a fé se cansa de esperar por uma resolução ou interpretação, o coração pode começar a ver o pior. Torna-se cínico.

Sônia se tornou uma cínica. Ela não percebe, mas ocasionalmente colhe seus frutos. Sônia e Samuel queriam filhos. Na verdade, "querer" não descreve a profundidade de seus desejos. Ambos vieram de famílias numerosas e se casaram com o sonho de ter um lar movimentado. No entanto, com o passar dos anos, as crianças não vinham.

Eventualmente, Sônia parou de pedir a Deus. Ela estava exausta com a experiência de esperar, mas não receber. O que sua esterilidade significava? Ela queria saber; queria entender.

---

[3] N. do R.: Saturday Night Live é um programa de comédia da televisão americana em que a sátira e a ironia são recursos bastante utilizados.

Ela se perguntou se eles deveriam partir para a adoção. A falta de respostas tornou-se uma ferida aberta em sua alma. Sônia parou de frequentar os diversos chás de bebê na igreja. Ela chegava em casa e falava deles para Samuel com um tom de desprezo. Depois de um tempo, Sônia apenas revirava os olhos com o anúncio de outra gravidez. Voltando-se para Samuel, ela sussurrava uma crítica espirituosa ao casal, uma que mal escondia seu coração em sofrimento. Mas Samuel sabia que algo estava definhando por dentro.

Por que cedemos ao cinismo? O cinismo é uma zombaria sutil; é uma forma de nos protegermos da decepção e da dor. Sejamos honestos. Há ocasiões em que o casamento decepcionará a todos nós. É verdade mesmo nos melhores casamentos. Nós nos casamos supondo que estamos desfrutando de um antegozo do céu, e logo vivemos abalados por perceber como o casamento é terreno. "Como você responderia às perguntas: 'Eu vivo para o céu?' ou 'Eu vivo exigindo que a vida seja como o céu?'", pergunta Dan Allender. "Suas respostas determinarão pelo que você lutará a vida toda".[4]

Cristãos que presumem que seu casamento será uma versão do céu tornam-se cínicos quando seu casamento atinge a terra.

DICA DE CATIVEIRO 3: AS COISAS NUNCA DARÃO ERRADO SE EU SIMPLESMENTE FIZER TUDO CERTO

Cheguei à fé no final dos anos 1970, em uma vertente do cristianismo que acreditava que estávamos vivendo em um

---

4 Dan B. Allender; Tremper Longman III, Bold love (Colorado Springs: NavPress, 1992), p. 140.

período único do fim dos tempos, em que Deus estava restaurando sua igreja. Acreditávamos que a igreja estava voltando para a vida de Atos 2 — comunidade, oração e poder. As pessoas seriam curadas. Divórcios nunca aconteceriam. Conflitos sempre seriam resolvidos. Sentimos que estávamos inaugurando uma expressão do cristianismo em que poderíamos finalmente acertar as coisas.

Carrego comigo muitas bênçãos daquela época. Mas uma convicção incontroversa, porém mal concebida, permaneceu gravada profundamente em minha alma por anos: *o povo de Deus aplicando a Palavra de Deus pode superar qualquer problema.* Aqui está outra maneira de dizer: "Se aplicarmos a verdade de Deus corretamente e apenas fizermos as coisas certas, então as coisas darão certo". Fazer tudo certo parecia ser nosso antídoto para a queda. A prática correta sempre resultaria em um desfecho positivo. A vida seria como um bom filme de Tom Hanks. No final, as coisas sempre se resolvem; *se* eu apenas fizer tudo certo.

Essa falsa crença impactou a abordagem em relação ao casamento que Kimm e eu tínhamos: "Se conseguirmos apenas namorar regularmente, viver com transparência, confessar com sinceridade e nos submeter com humildade, então podemos evitar os erros do passado. Podemos acertar".

Obviamente, essa versão de obediência determinística também afetou a criação de nossos filhos. Achávamos que sermos pais fiéis determinaria a saúde espiritual de nossos filhos: "Se eu obedecer à Bíblia, discipliná-los consistentemente e pressioná-los quanto ao catecismo, então meus filhos ficarão bem na terra e estarão presentes no céu".

Nenhum pai em nosso mundo teria dito isso em voz alta, mas isso tornou-se uma forma de "justificação por paternidade". Esse legalismo esconde a convicção de que Deus recompensa os pais fiéis com filhos obedientes e convertidos — proporcionalmente ao que merecemos. *Trabalhei duro, então mereço filhos impressionantes!*

Nós também invertemos a lógica. Se o evangelho do determinismo for verdadeiro, então pessoas rebeldes são o resultado de falhas e erros dos outros. Se um dos cônjuges está perdendo o controle, o outro está apenas colhendo o que plantou.

Não estou sugerindo que liderança, piedade ou boa criação de filhos não importam. Os pais piedosos, por exemplo, influenciam os filhos positivamente, e os maus pais os influenciam negativamente. Mas a palavra chave é *influência*. No casamento e na criação de filhos, muitos cristãos inconscientemente confundem influência com resultados garantidos. Essa suposição tira Deus, a imperfeição do mundo e a vontade humana da equação. Como Russell Moore escreve:

> Algo deu terrivelmente errado quando um cristão sente que deve se proteger de sua igreja, por medo de que a crise espiritual de sua filha seja discutida como parte de um debate sobre se ela deveria ter amamentado por mais tempo ou se eles deveriam ter escolhido ensino doméstico em vez de escola pública. Isso é especialmente verdadeiro porque literalmente todas as famílias nas Escrituras, sem exceção, têm filhos pródigos, incluindo a de Deus Pai.[5]

---

5 Russel Moore, The storm-tossed family: how the cross reshapes the home (Nashville: B&H, 2018), p. 16-17 [edição em português: A família em meio à tormenta: como a cruz redefine o lar (São Paulo: Mundo Cristão, 2019)].

Não somos donos de nosso próprio destino, do destino de nosso cônjuge ou do destino de nossos filhos. Como Moore observa: "Deus é o Pai *perfeito* e ainda assim tem filhos rebeldes (Rm 3.23; Lc 15.11-32). O que poderia nos fazer pensar que algo assim nunca faria parte da nossa história?".[6]

A verdade é que a queda é inescapável. O tempo revelou essa verdade para nós e nossa igreja. Os adolescentes se rebelaram. Os casamentos ficaram difíceis. A vida aconteceu. Aprendemos uma lição dolorosa: nossa obediência e estilo de vida cristão não garantem resultados imediatos ou predeterminados. A crença de que "Se eu fizer tudo certo, as coisas nunca darão errado" acabou sendo embaraçosamente equivocada. Muitas coisas permanecem não corrigidas e em aberto nesta vida.

O casal que acredita que "as coisas nunca darão errado se fizermos tudo certo" está fadado ao desapontamento — e a coisas piores. O apego a essas crenças determinísticas dá frutos ruins. Pode nos tornar fariseus quando as coisas vão bem e nos deixar oprimidos quando não vão.

CRISTO LIBERTA OS CATIVOS

Sim, as notícias parecem desanimadoras — um mundo caído deixa a vida sem respostas. Muitas vezes as notícias são ruins. Muitas vezes as pessoas se ferem. E continuam feridas. Nem sempre dá para olhar o lado bom de tudo, porque, às vezes, não há. Mas há notícias que trazem esperança consigo. E trazem esperança por causa de Deus, que dá esperança. Deus sempre tem um bom plano envolvido em seus propósitos perfeitos. E,

---
6 Idem.

embora o desfecho possa nos escapar no presente, nós o temos ancorado em lugares muito mais importantes.

NO PASSADO

O evangelho é glorioso porque representa o desfecho de Deus sobre os assuntos em aberto mais importantes do universo: a tragédia de nosso pecado e nossa separação de um Deus santo. Em Cristo, temos a solução para a crise do pecado e esperamos o dia em que tudo será resolvido. Quando a falta de resolução lança sombras sobre o presente, podemos voltar ao que Cristo realizou no Gólgota e lembrar: "Está consumado!". O doce desfecho foi alcançado.

Claro, nem toda nossa vida está bem resolvida. Existem áreas em que, como Paulo, nosso mundo relacional permanece dolorosamente indefinido. Talvez seja um ex-cônjuge, um velho amigo, até mesmo alguém da família. Nós tentamos, mas simplesmente não nos reconciliamos da maneira que desejamos. É tão bom lembrar que, por causa de Cristo, você já possui a reconciliação que mais importa.

Lamentamos relacionamentos não reconciliados, verdadeiramente. Eles estão entre os fardos mais difíceis de suportar neste mundo. Mas onde há um impacto desproporcional que perdura por muito tempo e enche nosso mundo com melancolia, será que a aprovação dessa pessoa ou desse grupo não está importando mais do que deveria? Lembre-se de que, como crente, você acorda todas as manhãs com seu relacionamento mais importante intacto.

Esperamos que o relacionamento quebrado seja reparado, que a situação complicada seja resolvida. Mas não *precisamos* que seja. Ao me amar o bastante para morrer por meus pecados, Cristo supriu minha necessidade mais profunda.

NO FUTURO

Mas há mais boas notícias. Nossa esperança não permanece simplesmente presa no passado. Levante os olhos para ver um futuro chegando! Ele traz consigo o desfecho que atualmente foge de você. A expectativa do novo céu e nova terra nos lembra de que conflitos não resolvidos, desafios no casamento, traição, injustiça e relacionamentos rompidos são dores temporárias. A resolução está correndo em sua direção com o passar de cada momento de cada dia. Pessoas que atravessam a rua para evitar o constrangimento de cumprimentá-lo em breve chorarão de alegria ao vê-lo no mundo que está por vir. Toda semente má, com o coração inclinado para o mal, será convertida ou condenada. O prazer da alegria sem fim substituirá a dor das questões não resolvidas.

Apenas um futuro seguro como esse pode amenizar nossas queixas momentâneas. Em uma reviravolta surpreendente, porém, você aprenderá como Deus usou essas cicatrizes para ajudá-lo a resistir de maneiras que você nem sonhava.

Sim, o desfecho virá. Mas, por ora, ele é superestimado.

MOMENTO DECISIVO 10: QUANDO VOCÊ APRENDE QUE DESFECHOS SÃO SUPERESTIMADOS

Quando nos casamos, a maioria de nós presume que, se aplicarmos o evangelho em nossa vida, podemos viver uma vida em que as coisas se resolvem — onde o trauma pode ser substituído por um desfecho claro. Mas o que você faz se tem uma vida ou um casamento cheio de tristezas relacionais não resolvidas?

	O MOMENTO	NOSSA RESPOSTA
A decisão pela verdade	Permitirei que a falta de resolução me mantenha cativo e se torne um fardo opressor para o nosso casamento?	*Ou* reconhecerei que o reino de Deus está presente, mas ainda não foi consumado — que a salvação chegou mesmo que a imperfeição e a morte persistam?
O custo exigido	Acreditarei que fazer a coisa certa é o antídoto para a queda?	*Ou* confiarei que o único que faz tudo certo é Jesus, que nos dá gratuitamente sua justiça, apesar de nossas falhas?
A oportunidade de exaltar a Deus	Precisarei de mudanças ou respostas imediatas para sentir paz?	*Ou* confiarei na providência de Deus sobre nossa vida imperfeita, persistindo na fé mesmo quando as respostas e a transformação nos escapem?
Como isso edifica a alma	Eu me protegerei da decepção e da dor a todo custo?	*Ou* acreditarei que a reconciliação de que mais precisamos já foi conquistada para nós em Cristo, mesmo quando não posso ver isso em nossas circunstâncias?
Como isso define nosso destino	Eu me tornarei cínico, vendo o pior em cada situação, quer ele exista, quer não?	*Ou* erguerei meus olhos das realidades temporárias para a certeza de um futuro restaurado no novo céu e nova terra?

CAPÍTULO 12
Quando a graça vence seus momentos perdidos:
A morte de Ivan Ilitch

Você já desperdiçou uma tarde? Vamos, seja honesto. Todos nós já desperdiçamos. Em algum nível, todos somos sujeitos que "maratonam" séries, matam aula, fogem do trabalho e podem confessar que já jogaram algum tempo fora. Todos nós registramos algumas ausências. Mesmo assim, apesar de seu catálogo de arrependimentos legítimos, "desperdício" provavelmente não está no centro de sua história.

E se estivesse? E se a verdadeira clareza sobre como viver e amar só chegasse com seus suspiros finais?

APRESENTANDO IVAN

O conde Leon Tolstói (1828-1910) nasceu em uma nobre e abastada família russa. Leon teve um começo aristocrático. Sua família lhe concedeu todo tipo de privilégios, até que aos quarenta anos ele experimentou uma crise de consciência seguida por um despertar espiritual. A maioria dos historiadores acredita que essa foi uma conversão genuína a Cristo, marcada por práticas monásticas e uma defesa apaixonada dos pobres.

Além de escrever o volumoso *Guerra e paz*, um dos maiores romances da Rússia, Tolstói escreveu *A morte de Ivan Ilitch*, um livro menor sobre um juiz russo ordinário de classe média. Ivan Ilitch não se distingue por nada além de uma ambivalência firme em relação ao mundo exterior. Ele é competente, ambicioso, agradável ao extremo e tomado pelo tipo de vaidade que alimenta a auto-obsessão. Em outras palavras, ele é uma alma calculista que passa sua carreira se esforçando para progredir.

Para Ivan, a vida é um palco em que a performance de uma pessoa é medida pela impressão deixada nos outros. Os livros que lê, os trajes que usa, suas posses, o semblante forjado — tudo em Ivan se conforma às convenções sociais corretas. Todos se tornam pilares bem colocados, sustentando suas ilusões de grandeza.

Bem, Ivan Ilitch também tem qualidades louváveis. Ele é inteligente, zeloso e hospitaleiro. No entanto, sua alma é moralmente superficial — dificilmente se aprofunda o suficiente para apoiar quaisquer interesses além dos seus. Em um mundo onde cada nascer do sol brilha com mistério e complexidade, Ivan evita a luz, contente em habitar o crepúsculo cinzento de uma vida sem exposição. Assim, Ivan apresenta um exemplo clássico de uma vida perdida, cujo horror não vem do mal, mas da *ambivalência* para com sua esposa, sua família e os outros.

Ivan não é apenas um homem; ele é um símbolo da vida vivida sem Deus — a consequência épica de uma existência desatenta. "A história da vida de Ivan Ilitch", começa Tolstói, "foi das mais simples e mais comuns, e, portanto, das mais terríveis."[1]

---

1 Leo Tolstoy, The death of Ivan Ilych, tradução de Aylmer; Louise Maude, Oxford World Classics 432 (London: Oxford University Press, 1935), 11 [edição em português: Lev (Leon) Tolstói, A morte de Ivan Ilitch, 2ª ed., tradução de Boris Schnaiderman (São Paulo: Editora 34, 2009)].

Quando uma vida comum e simples se torna terrível? A resposta de Tolstói: quando aquela vida comum e simples é desperdiçada em uma ilusão sustentada sobre si mesmo.

Tolstói ilustra mais claramente a existência insignificante de Ivan nas cadências de seu casamento. A esposa de Ivan é Prascóvia Fiódorovna Golovina, uma personagem vazia que corresponde à moralidade frágil de Ivan com sua própria visão de mundo sem força. O casamento deles é uma união de conveniência... até deixar de existir. Inicialmente decorativa para a imagem de Ivan, o que hoje podemos chamar de "esposa troféu", Prascóvia aos poucos se torna um impedimento para o conforto de Ivan, uma estridente perturbação de sua paz. "Sua esposa, sem qualquer motivo", como Ivan diz a si mesmo, "começou a perturbar o encanto e a decência de sua vida".[2] Ela exige a atenção de Ivan, critica a maneira que ele a trata, fica com ciúmes sem motivo e, às vezes, fazia "cenas grosseiras e desagradáveis".[3]

Para Ivan, um cara cuja vida é mais ignorada do que examinada, o comportamento de Prascóvia torna-se intolerável. Assim, ele se retrai e cria um domínio aconchegante fora do alcance dos humores irritantes e das exigências enfadonhas de sua esposa.

É dessa ilha — com Ivan isolado, Prascóvia contida, seu casamento como uma mera associação cerimonial — que a história do conde Tolstói zarpa. Mas o destino de sua história são os últimos suspiros de Ivan: a chegada de sua morte.

---

2 Ibid., p. 18.
3 Ibid.

UMA VIDA DE ARREPENDIMENTOS

Um dia, Ivan percebe uma dor em seu lado. Como um indivíduo desacostumado ao desconforto, a presença da dor o enterra sob uma avalanche de autocomiseração. Sua mente se volta para dentro e para baixo, e seu mundo se reduz à agonia de suas dores. A doença assume o controle e, embora não diagnosticada, torna-se inexplicavelmente fatal... Simplesmente porque Ivan acredita que será.

O declínio físico de Ivan o empurra inesperadamente para o limiar da reflexão moral. A partir daí, ele caminha lenta e hesitantemente em direção a um terreno inexplorado. Em um episódio de sofrimento autoinfligido, Ivan experimenta um lampejo de clareza moral:

> "É como se eu estivesse descendo montanha abaixo, imaginando estar subindo. E era assim mesmo. Eu estava subindo na opinião pública, mas na mesma proporção a vida estava se esvaindo de mim. E agora tudo acabou e há apenas morte."[4]

Para Ivan, a morte clareia sua mente. Sua hora final se torna seu momento decisivo, marcado pela chegada de uma pergunta angustiante: *E se toda a minha vida foi um erro?*

Ser humano é ser falho. Não somos divinos, mas danificados; não infalíveis, mas imperfeitos; não ilimitados, mas quebrados. Estar vivo é lutar com o arrependimento. *Casei-me com a pessoa errada? Aceitei o trabalho errado? Perdi minha vocação? Fui um pai muito egoísta? Vivi de forma preguiçosa?*

---
4 Ibid., p. 64.

Por meio de Ivan Ilitch, o conde Tolstói nos convida a considerar esse problema delicado, mas perene. Ivan aparentemente pergunta: *Agora que sou terrivelmente honesto e meus problemas reais despontam na claridade, é tarde demais para resolvê-los? Se minha vida inteira estava errada, e meu casamento deu errado, isso ainda pode ser consertado? Há esperança para alguém que não tomou a decisão pela verdade e permitiu que os momentos decisivos passassem? Minhas maiores falhas em pontos críticos podem ser vencidas?*

O AGUILHÃO DA MORTE

A morte nunca é uma mera "passagem". Ela é o que acontece quando a queda encontra o juízo. Para aqueles que planam por cima dos menores sofrimentos, a morte torna-se um violento acerto de contas, um momento estimulante em que o furacão da verdade atinge a terra. Se a vida é a casa de um tolo, a verdade nua e crua que vem com a morte derruba a casa por terra. As perguntas do fundo da alma podem se tornar ventos de categoria 5, catastróficos quando permanecem sem resposta. Ivan contempla impotente os vendavais destrutivos da acusação enquanto seus momentos finais se enchem de irrefreável agonia:

> Ocorreu-lhe o que tinha parecido totalmente impossível antes, a saber, que ele não teria vivido sua vida como deveria – isso podia enfim ser verdade. Ocorreu-lhe que suas tentativas quase imperceptíveis de lutar contra o que era considerado correto pelas pessoas de posições mais altas, aqueles impulsos quase insignificantes que ele havia

suprimido imediatamente, podiam ter sido a coisa real, e todo o resto, falso. E seus deveres profissionais e o arranjo completo de sua vida e de sua família, e todos os seus interesses sociais e oficiais, podia tudo ter sido falso. Ele tentou defender todas essas coisas para si mesmo e subitamente deu-se conta da fragilidade do que estava defendendo. Não havia nada o que defender.

"Mas se é assim", disse para consigo, "e se estou deixando esta vida com a consciência de que perdi tudo o que me foi dado e é impossível retificá-la – que fazer então?"[5]

Sem resposta, Ivan é dominado pelo presságio de uma melancolia. Ele se abate; a miséria corrói sua alma. À medida que a vida é drenada de seu corpo, questões há muito enterradas começam a surgir como corpos em uma baixa de rio que secou. Ainda assim, não há respostas.

Então, em uma demonstração incomum de preocupação, a esposa de Ivan, Prascóvia, implora para que ele tome a comunhão. É o apelo desesperado de uma esposa abandonada em favor da alma perdida de seu marido.

Ivan concorda — talvez apenas para satisfazê-la. Mas, naquele momento, um raio de verdade irrompe. Ivan tem um momento de lucidez, um momento decisivo. Conforme a cortina de sua vida se fecha, Ivan vê que sua alma foi contorcida, corrompida e irremediavelmente perdida.

Meus amigos, pobre do homem que vê sua alma sem a proteção de um advogado ou mediador! Quando a realidade

---

5 Ibid., p. 69.

de um casamento destruído e uma vida perdida se abate sobre sua consciência, Ivan começa a gritar:

> A partir desse momento começaram os gritos que se prolongaram por três dias, e eram tão terríveis a ponto de não se poder ouvi-los sem horror, mesmo atrás de duas portas fechadas. No instante em que respondeu à sua esposa, deu-se conta de que estava perdido, que não havia retorno, que o fim chegara, o seu fim completo, e suas dúvidas continuavam sem solução e permaneciam dúvidas.
> "Oh! Oh! Oh!", gritava em diferentes entonações. [...]
> Por três dias inteiros, durante os quais não existia para ele a noção de tempo, lutou [...] Lutou como um condenado à morte luta nas mãos do carrasco, sabendo que não pode se salvar. E a todo momento sentia que, a despeito de todos os seus esforços, ele se aproximava cada vez mais daquilo que o horrorizava. [...] [Sua prévia] justificação de sua vida segurava-o e impedia-o de avançar, causando-lhe ainda mais tormento do que tudo o mais.[6]

Vamos fazer uma pausa, respirar fundo e reconsiderar essa cena. Estamos agora debruçados no camarote, contemplando o momento mais sombrio de Ivan. Podemos refazer os caminhos neurais de sua mente torturada e frenética à medida que a terrível verdade vem à tona. A noção de uma vida perdida é horrível demais para ser aceita, então a consciência de Ivan (e talvez sua carne) faz hora extra, vasculhando o passado e procurando em vão uma maneira de se justificar.

---
6 Ibid., p. 71.

Um homem moribundo em seu momento mais significativo precisa desesperadamente de imunidade para suas decisões, suas indulgências e suas disposições. Enterrado profundamente em Ivan — e, de fato, em todos nós — está um advogado de defesa que nega nossa culpabilidade e procura desesperadamente por evidências para racionalizar milhares de atos e omissões egocêntricas.

Mas nenhum defensor assim foi encontrado. Ivan é acusado, considerado culpado e merecedor da morte. Ele vê sua vida insignificante. Ele vê sob tudo isso um deserto de vaidade estéril.

Ivan está morrendo, completamente derrotado — destruído pela vida em um mundo destruído. A condenação aumenta à medida que a revelação de sua autojustificação desencadeia "o momento de maior tormento de todos". A estrada para o inferno é pavimentada com pessoas que, na superfície, parecem ter uma vida normal. Mas, quando se escava, descobrem-se motivos ruins e uma miríade de escolhas terríveis. Essa é a vida de Ivan Ilitch — simples, comum e *terrível*. Ivan está suspenso entre dois mundos, um colaborador culpado de sua própria morte.

Ele está fora do alcance de ajuda? Mais importante: Você está? O que pode ser feito por um homem cujo último suspiro é atormentado por relacionamentos perdidos, um casamento perdido e uma vida perdida?

O PODER REDEFINIDOR DA GRAÇA

Ele também ficou suspenso entre dois mundos, um ladrão pregado em uma cruz. Crucificados ao lado dele estavam outros dois. Um era um tolo morrendo por seus crimes. O outro era Deus. Três homens, presos a três cruzes, todos na agonia da morte e encontrando momentos decisivos em que, como Ivan, suas palavras revelaram seus corações.

"Não és tu o Cristo?", Gritou o tolo. "Salva-te a ti mesmo e a nós também" (Lc 23.39). Na boca de um tolo, essas palavras significam: "Esqueça-se de si e salve a mim!". O problema com os tolos é que eles não enxergam a Deus (Sl 53.1), mesmo quando ele está pendurado ao lado deles. Esse ladrão morreu insultando a Deus (Mt 27.44). Seu momento final selou seu destino.

O outro ladrão também foi pendurado como um criminoso endurecido, mas tornou-se manso na morte. Esse homem foi um Ivan Ilitch do século primeiro pregado em uma cruz. Mas, ao contrário de Ivan, não temos nenhum vislumbre de seus pensamentos finais. Apenas suas palavras para seus companheiros crucificados foram preservadas. No entanto, elas exibem a largura, o comprimento e a profundidade da graça de Deus.

Primeiro, ele fala ao tolo: "Nem ao menos temes a Deus, estando sob igual sentença? Nós, na verdade, com justiça, porque recebemos o castigo que os nossos atos merecem; mas este nenhum mal fez" (Lc 23.40,41).

Em seguida, ele fala ao Salvador: "Jesus, lembra-te de mim quando vieres no teu reino" (23.42).

Embora esse ladrão tenha sofrido as consequências de anos perdidos no crime, a graça que recebeu em seus momentos finais redefiniu sua vida. "Em verdade te digo", Jesus sussurrou-lhe, "que hoje estarás comigo no paraíso" (23.43).

A graça é realmente poderosa o suficiente para arrancar alguém das consequências de uma vida de crime, insanidade e estupidez absurda e egocêntrica? Jesus pode salvar alguém da justa penalidade de uma vida perdida?

Ou talvez a pergunta que realmente precisamos responder seja: Ele *deveria* fazer isso?

GRAÇA IRRACIONAL

Jesus contou uma parábola sobre trabalhadores contratados por um dia. O senhor contratou trabalhadores para a sua vinha no início do dia e prometeu um denário, um bom salário de um dia. Então, o senhor continuou contratando trabalhadores ao longo do dia, até trazer um grupo apenas uma hora antes do fim do expediente. Quando soou o apito, o capataz reuniu todos os trabalhadores e pagou aos últimos contratados um denário — o salário do dia inteiro! Vendo isso, os contratados no início do dia esperavam um bônus; afinal, eles haviam trabalhado mais tempo e mais arduamente.

Mas isso não aconteceu. O capataz pagou a cada trabalhador exatamente o combinado quando foram contratados: um denário.

Os trabalhadores do dia inteiro resmungaram. Pensavam que o mestre agira injustamente. Pensavam que mereciam mais. Salários iguais para trabalhos desiguais parecia uma injustiça, uma política de compensação fundamentalmente injusta. "Mas o proprietário, respondendo, disse a um deles: Amigo, não te faço injustiça; não combinaste comigo um denário? Toma o que é teu e vai-te; pois quero dar a este último tanto quanto a ti. Porventura, não me é lícito fazer o que quero do que é meu? Ou são maus os teus olhos porque eu sou bom?" (Mt 20.13-15).

A maneira pela qual vemos o senhor nessa parábola diz muito sobre nossa compreensão da graça. Aqueles que trabalharam o dia todo mereciam mais do que foi prometido? A generosidade do mestre para com os rapazes do fim do dia o obrigava a mudar a folha de pagamento de todos? O sindicato pode dizer que sim. O que você diz?

Com essa história, Jesus expõe nossos corações mimados. Sempre examinamos os campos em busca do trabalhador que parece menos merecedor, para ter um argumento a fim de ganharmos mais. Somos cambistas morais, diminuindo o valor da graça ao convertê-la para a moeda de nosso próprio mérito. Os trabalhadores do dia inteiro se comparam aos outros e concluem que merecem mais. Mas a generosidade de Deus para com alguns não é injustiça para com outros.

Deus inverteu o roteiro. Em Cristo, o último é o primeiro e o primeiro é o último. Ele dá a mesma graça independentemente das horas trabalhadas. Então, a graça arrebata um ladrão das chamas da morte e o leva direto para o paraíso. É como Deus pode lidar com uma vida desperdiçada. Existe uma parte de você que inveja o ladrão por essa misericórdia?

QUANDO O DESPERDÍCIO ENCONTRA GRAÇA

É por isso que adoro a história de Ivan Ilitch. Seu casamento foi desperdiçado. Sua vida foi desperdiçada. Ele merece consequências eternas. O narcisista patético agora é um homem miserável à beira da morte. Como eu me sentiria por ele receber uma generosidade que não merece?

A história de Tolstói termina com o momento decisivo final de Ivan:

> De repente, alguma força o atingiu no peito e no lado, tornando-se ainda mais difícil respirar. Ele caiu em um buraco e, lá, no fundo, havia uma luz. O que aconteceu com ele foi como a sensação que às vezes se experimenta em um vagão de trem quando se pensa que está indo para trás enquanto na verdade está indo para frente e, de repente, toma-se consciência da verdadeira direção.
>
> "Sim, nem tudo estava certo", disse para consigo. "Mas isso não importa! Pode ser feito. Mas o que é 'aquilo'?", indagou-se e, subitamente, se calou.
>
> Isto ocorreu no final do terceiro dia, duas horas antes de sua morte. Foi justamente então que seu filho ginasiano esgueirou-se silenciosamente e foi até a lateral da cama. O moribundo ainda gritava desesperadamente e agitava os braços. Sua mão caiu sobre a cabeça do garoto, e este a segurou, apertou-a contra seus lábios e caiu em prantos.
>
> Naquele exato momento, Ivan Ilitch caiu no fundo e avistou a luz, e lhe foi revelado que, embora sua vida não fora o que deveria ter sido, ainda podia ser corrigida. Ele se perguntou: "O que é 'aquilo'?", e ficou quieto, escutando.[7]

---

7 Ibid., p. 72. [N. do R.: Ao traduzir "But what is the right thing?" ("Mas o que é a coisa certa?") do original em inglês, optamos por seguir a tradução brasileira de Boris Schnaiderman feita direto do russo: "Mas o que é 'aquilo'?", a qual sugere que Ivan Ilitch vira algo no fundo do buraco em que caíra ao avistar a luz. Sabemos que, quando escreveu essa obra, Tolstói já havia se convertido a Cristo. Essa tradução reforça ainda mais a ilustração do autor a respeito do encontro com Deus].

Algo inesperado acontece. A graça aparece no fundo implacável de uma vida desperdiçada. Ivan se aquieta, talvez pela primeira vez em sua vida. Ele fica prostrado — pensando, ouvindo e perguntando: "O que é 'aquilo'?".

No abismo mais profundo da existência humana, Deus está presente. Como o ladrão sussurrando: "O Senhor se lembrará de mim quando entrar em seu reino?" (cf. Lc 23.42), Deus fornece a Ivan o pedido certo e, pela graça, mostra-lhe o caminho de subida. Às vezes, a escada aparece nos lugares mais inesperados:

> Então, [Ivan Ilitch] sentiu que alguém beijava sua mão. Ele abriu os olhos, olhou para seu filho e sentiu pena dele. Sua esposa se aproximou, e ele a viu de relance. Ela olhava-o fixamente de boca aberta, com lágrimas escorrendo no nariz e nas bochechas e uma expressão de desespero no rosto. Sentiu pena dela também.
>
> "Sim, eu os atormento", pensou. "Eles lamentam, mas será melhor para eles quando eu morrer!" Quis dizer-lhes isso, mas não teve forças para falar. "Além do mais, para que falar? Devo agir", pensou. Com um olhar para sua esposa, indicou seu filho e disse: "Leve-o daqui... sinto muito por ele. Lamento por você também". Tentou acrescentar: "Perdoe-me", mas disse: "Deixe-me passar", e acenou com a mão, sabendo que aquele cujo entendimento importava entenderia.
>
> E de repente ficou claro para ele que aquilo que o estava oprimindo e não o abandonaria estava desvanecendo de uma só vez, de ambos os lados, de dez lados, de todos os

lados. Lamentou-se por eles, devia agir para não machucá-los: libertá-los e libertar-se desse sofrimento. "Tão bom e tão simples", pensou. "E a dor?", perguntou-se. "O que foi feito da dor? Onde está você, dor?"

Voltou sua atenção para ela.

"Sim, aqui está. Bem... e daí? Deixe que venha."[8]

Quando a graça chega, a dor volta ao seu tamanho adequado. O sofrimento é sempre sério e intensamente significativo, mas não precisa nos definir. À medida que Ivan encontra a graça de Deus, temporariamente perde sua dor. A condição de Ivan não mudou, mas sua dor — que nas mãos de Tolstói se torna uma metáfora do amor-próprio de Ivan — não reina mais suprema sobre sua alma. O ídolo de Ivan foi destronado; a presença de Deus assume o comando. A esposa de Ivan entra em foco; um novo amor nasce. E sob o novo domínio do amor, o medo não pode reinar.

"E a morte, onde está?"

Procurou seu habitual medo da morte e não o encontrou. "Onde está? Que morte?" Não havia nenhum medo, porque não havia morte.

Em seu lugar, havia luz.

"Bem, então é isso!", exclamou de repente em voz alta. "Que alegria!"

Para ele, tudo isso aconteceu em um único instante, e a significação daquele instante não se alterou mais. Para os presentes, sua agonia durou ainda duas horas. Um som

---

8 Ibid., p. 72-73 [N. do R.: Segundo Boris Schnaiderman, "perdoe-me" e "deixe-me passar" traduzem respectivamente "prosti" e "propusti" no original russo].

indistinto saía de sua garganta, seu corpo macilento se contraía, então a respiração ofegante e o som indistinto se tornaram cada vez menos frequentes.

— Acabou! — disse alguém perto dele.

Ele ouviu essas palavras e as repetiu em sua alma.

"A morte acabou", disse consigo. "Não existe mais."

Respirou profundamente, parou no meio de um suspiro, esticou-se e morreu.[9]

Quando a graça vai à guerra, ela vence. O próprio poder necessário para se arrepender vem daquele que ama perdoar (Ef 2.8). Enquanto a graça afasta os dedos aterrorizantes que sufocam seu coração, Ivan Ilitch descobre essa verdade. Embora ainda caminhe "pelo vale da sombra da morte", Ivan não teme o mal. Deus agora está com ele e o conforta (Sl 23.4,5). Deus o liberta de seus medos (Hb 2.15). Na verdade, a graça roubou da morte seu poder sobre uma vida desperdiçada. "Onde está, ó morte, a tua vitória? Onde está, ó morte, o teu aguilhão?" (1Co 15.55).

As palavras finais de Ivan, "A morte acabou", são quase inaudíveis. Mas estão presentes o suficiente para revelar que sua vida será coberta pela morte de outro, alguém cujas palavras finais foram ditas em uma cruz manchada de sangue no Gólgota — o momento decisivo *definitivo*. Jesus viveu uma vida perfeita para nos libertar da prisão de uma vida desperdiçada.

A graça vence. Em seu suspiro final, Ivan sussurra: "[A morte] não existe mais". O medo, a dor e a condenação esmagadora de uma vida vivida no altar de seu ego evaporam sob o

---

9 Ibid., p. 73.

nascer do sol escaldante de um novo afeto por sua esposa e filho. Quando Ivan ficou suspenso sobre o fogo flamejante do inferno, Cristo se lançou, agarrou-o e levou-o para um lugar seguro.

ONDE A GRAÇA VENCE, O DESPERDÍCIO PERDE

É possível, suponho, distorcer a intenção do conde Tolstói ao escrever essa história. A graça que salva uma alma momentos antes da morte pode ser vista como uma graça que tolera uma vida desperdiçada. Mas a história de Ivan Ilitch não é um convite para desperdiçar sua vida na expectativa de uma anistia de última hora. Na verdade, Tolstói antecipa esse engano ao abrir seu romance com o funeral de Ivan e ao descrever suas feições congeladas e pálidas: "Além disso, havia naquela expressão uma reprovação e uma advertência para os vivos".[10]

O drama da morte de Ivan é uma advertência. Tolstói nos convida a considerar nossa vida, nosso casamento, nossa paternidade. O amor fora de lugar, particularmente um amor-próprio desordenado, tem um custo moral espantoso. As oportunidades perdidas de Ivan devem nos ensinar.

E quanto a você? E se, olhando para trás em sua vida, você só vê oportunidades perdidas? E se grande parte de sua vida de casado foi um desperdício? Mesmo assim, seu pecado não é a palavra final. Cristo é maior do que suas decisões malfeitas e autocomiseração obstinada. A graça imerecida para uma vida desperdiçada não deve meramente fomentar sua gratidão; deve alimentar sua ambição por mudança. A graça está pronta para perdoar seu passado e reorientar sua perspectiva de pelo menos três maneiras práticas:

---

10 Ibid., p. 5.

+ *Primeiro, a graça luta por nossa santidade, especialmente no casamento.* No início deste livro, escrevi sobre como o casamento revela nossa fraqueza. Às vezes, Deus usa a imperfeição de nosso cônjuge para expor nosso egoísmo. Ivan atribuiu seus muitos problemas à grosseria, à necessidade de atenção e ao mau comportamento de Prascóvia. Ele não conseguia ver que o desconforto trazido pelas discordâncias dela poderia ser um meio para o seu crescimento. Deus sempre envia graça para nos treinar na santidade (Tt 2.14). A perspectiva da graça, então, nos permite valorizar nosso cônjuge como um presente de Deus para nos ajudar a mudar. No final, até Ivan Ilitch encontrou graça por meio da preocupação de sua esposa por sua alma perdida. Seu apelo para que ele recebesse a comunhão foi o gatilho que o levou a Cristo. Ele só encontraria a salvação no fim de si mesmo. A graça sempre funciona assim. Primeiro, ela expõe nossa imperfeição, depois nos mostra nossa necessidade de ajuda.

+ *Segundo, a graça interrompe nosso isolamento e nos leva à confissão.* Ivan havia se afastado de sua esposa e de seus filhos. Ele fugiu de Deus como Jonas, o profeta pródigo, navegando em direção a Társis. A família de Ivan era sua Nínive, há muito negligenciada. Ele chegou lá finalmente, mas não foi um grande peixe ou uma planta ressecada que amoleceu seu coração. No final, o toque de seu filho gerou empatia e compaixão por dentro. Os últimos suspiros de Ivan foram usados para buscar o perdão, a paz e a reconciliação com sua família. Como Ivan, você está fugindo de Deus agora? Admitir isso pode realmente desencadear seu momento decisivo. Não há necessidade de esperar até a morte para confessar o pecado e encontrar paz. Não tenha medo e não se sinta condenado. Lembre-se, seu pecado não é a palavra final. Há alguém que é maior do que suas decisões malfeitas e seus caprichos obstinados. Ele está pronto para perdoar seu passado e reorientar seu presente. Ele está pronto para redefinir sua vida a fim de que você esteja pronto para seu momento decisivo final.

* *Finalmente, a graça vence para que possamos deixar de lado nossa performance.* Grande parte da vida de Ivan foi desperdiçada se exibindo para outras pessoas e satisfazendo suas próprias ambições em detrimento das verdadeiras prioridades. Ele desperdiçou seus relacionamentos a ponto de se tornar mais um fardo para sua família do que uma bênção. No final, ele percebeu isso, o que foi esmagador. Mas os fracassos de Ivan não definiram seu destino. No fim das contas, sua vida foi definida por alguém que agiu por ele. Ao morrer, ele ouviu alguém dizer: "Acabou". Essa palavra é um eco simbólico das palavras de Cristo na cruz, e Ivan a ouviu exatamente dessa maneira. Ela alimentou sua alegria e deleite interior. Ivan tinha se tornado como Cristo em sua morte, e isso lhe deu confiança de que, de alguma forma, ele seria como Cristo na ressurreição (Fp 3.10,11) Embora seu corpo tenha morrido, interiormente ele foi renovado (2Co 4.16). Tolstói nos diz que: "Ele ouviu essas palavras e as repetiu em sua alma. 'A morte acabou', disse consigo. 'Não existe mais'".[11]

---

11 Ibid., p. 73.

ESTE MOMENTO DECISIVO

Ao longo deste livro, exploramos os momentos decisivos comuns aos casamentos que amadurecem. Cada um apresenta uma decisão pela verdade, aponta para um caminho a seguir e determina uma nova direção. Cada momento é importante, mas há um momento decisivo chegando que tem importância muito maior. Embora não esteja em nosso calendário, é um compromisso futuro que todos compartilhamos. É o momento em que encontramos Deus e ele revela o verdadeiro objetivo da nossa vida e o verdadeiro objeto do nosso amor. É o momento decisivo *de Deus* quando, depois de passarmos nossa vida nos definindo diante dos outros, Deus finalmente nos define diante de todo o céu. Naquele momento, não viveremos perdidos, mas conquistados pela graça para sempre.

Porque a graça de Cristo luta por nossa santidade — porque a graça interrompe nosso isolamento e nos leva à paz —, podemos enfrentar esse dia vindouro sabendo que, por meio da fé em Cristo, ouviremos palavras de graça: "Muito bem, servo bom e fiel; foste fiel no pouco, sobre o muito te colocarei; entra no gozo do teu senhor" (Mt 25.23).

Porque a graça vence, amigos, vocês podem enfrentar seus momentos finais com confiança e esperança.

> Ora, àquele que é poderoso para vos guardar de tropeços e para vos apresentar com exultação, imaculados diante da sua glória, ao único Deus, nosso Salvador, mediante Jesus Cristo, Senhor nosso, glória, majestade, império e soberania, antes de todas as eras, e agora, e por todos os séculos. Amém! (Jd 24,25)

Agradecimentos

Para algumas almas privilegiadas, a escrita flui ao encontrar um espaço privado e ao convencer seu autor interno a brincar no campo das palavras. Eu admiro essas pessoas, de verdade. Mas não sou uma delas. Meu autor interno prefere comunidade. Na verdade, preciso de comunidade para produzir algo que valha a pena ler. É necessária uma vila inteira para eu escrever um livro.

Deixe-me apresentar-lhe a minha vila, sem a qual este projeto não existiria.

Agradeço a Brian e à equipe da Baker Books. Eles tiveram a visão de publicar uma sequência de *Quando pecadores dizem "sim"*, e, então, trabalharam diligentemente para vê-la concretizada.

Jared Kennedy, obrigado! Sua mente arguta, olho gramatical aguçado e habilidades editoriais de alto nível deixaram sua marca em cada capítulo. Também sou grato a Matt Smethurst, que concordou em usar seu talento inabalável para tornar este livro melhor. O Capítulo 8 ("o capítulo sobre sexo") ficou empacado até que Pete Greasley me ajudou a infundir alguma clareza nele. Continue teimoso, meu amigo; é ótimo.

Agradeço à miríade de leitores que gentilmente concordaram em revisar o livro, ofereceram ideias sobre seus pontos fortes e fracos, e fizeram sugestões de como melhorá-lo. Meus intermináveis agradecimentos vão para Kimm, minha querida esposa, e para Lou e Whitney Angelo, Todd Augustine,

Orlando Cabrera, Elyse Fitzpatrick, Ronnie Martin, Chris Minott, John e Cindy Schmidler e nossos companheiros de viagem, John e Margie Stewart. Mil desculpas se minha mente envelhecida se esqueceu de algum outro prestativo habitante dessa vila.

Um agradecimento especial a todos aqueles que me permitiram contar suas histórias. Vocês me ajudaram a ilustrar a verdade e a inspirar coragem. Obrigado a Lee e Rhonda Sleiter, Scott e Jeannie Thomas, e outros cujos nomes e alguns detalhes foram alterados por uma questão de preferência ou prudência. E, é claro, dr. David Powlison, obrigado pelo incrível diagrama de círculos sobrepostos no capítulo 2. Sua vida e ministério refletem a amplitude do evangelho que esses círculos retratam.

Acho que entendo melhor a graça hoje em dia. Em outras palavras, entendo melhor como sei pouco dela. Mas pelo que vejo e por qualquer luz que este livro ofereça para abrir olhos ou ajudar casamentos, agradeço a Jesus. Em tudo o que fiz ou farei, ele somente é o que vale a pena ser visto ou lembrado.

LEIA TAMBÉM

QUANDO PECADORES DIZEM "Sim"

DAVE HARVEY

mais de 180 MIL cópias vendidas

LEIA TAMBÉM

FORTALECENDO SEU CASAMENTO
do "Sim" ao "Para Sempre"

QUANDO PECADORES DIZEM
"Sim"
LIVRO CAPA DURA
• GUIA DE ESTUDO

EU AINDA DIGO
"Sim"
LIVRO CAPA DURA
• GUIA DE ESTUDO
• DEVOCIONAL

DAVE HARVEY

FIEL
MINISTÉRIO

O Ministério Fiel visa apoiar a igreja de Deus, fornecendo conteúdo fiel às Escrituras através de conferências, cursos teológicos, literatura, ministério Adote um Pastor e conteúdo online gratuito.

Disponibilizamos em nosso site centenas de recursos, como vídeos de pregações e conferências, artigos, e-books, audiolivros, blog e muito mais. Lá também é possível assinar nosso informativo e se tornar parte da comunidade Fiel, recebendo acesso a esses e outros materiais, além de promoções exclusivas.

Visite nosso site

www.ministeriofiel.com.br